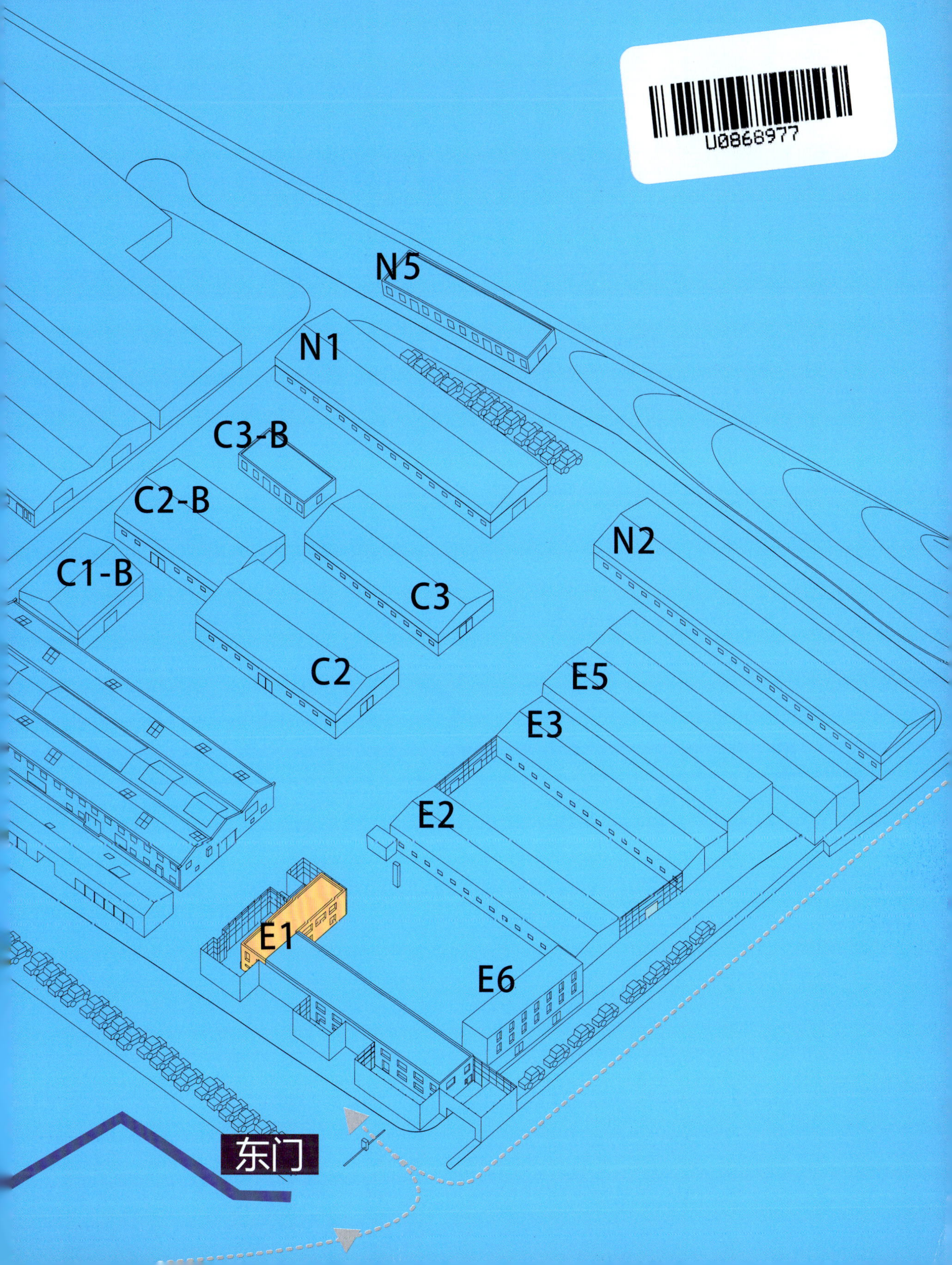
N5
N1
C3-B
C2-B
C1-B
C3
C2
N2
E5
E3
E2
E1
E6
东门

2019艺术乡村主题展

编委会主任：张光连　刘军萍

编　　委：（按姓氏笔画为序）
王宏　朱晓梅　任立泉　李大钧　李同斌
李在东　李志刚　吴国庆　张军　张国良
张颖　陈奕捷　陈海东　陈领　罗丽
徐人杰　黄海鹏　黄杰　焦宏　曾辉　路红卫

主　　编：陈奕捷　徐人杰

活动策划：徐人杰　陈奕捷　宁柯　王宏　宋立滨
任立泉　宋词　陈国龙
平面设计：赵建军
文案统筹：张燕　赵晨　朱文颉　乔通　孙莺
特别鸣谢：一骑绝尘　人杰ART
各参展园区为本书提供大量图片

本书的出版得到了北京市农村经济研究中心《北京市休闲农业与乡村旅游转型升级》研究项目（项目编码：PXM2019-146202-000017）的资助，为该项目成果之一部分。

乡村

北京都市型现代农业已进入提质转型的新发展阶段，美丽乡村建设迎来了新时代。按照《北京市推进文化创意和设计服务与相关产业融合发展行动计划（2015—2020年）》的要求，探索如何引入艺术与创意资源提升乡村的人文内涵，改善农业用地的景观风貌，在不违反土地用途法规的前提下，发挥生产农地、林地的休闲价值与人文价值，推动首都农业的提质增效，是北京市农村经济研究中心、北京观光休闲农业行业协会开展“艺术乡村”项目及其相关课题研究的初心。

图书在版编目（CIP）数据

2019 艺术乡村主题展 / 陈奕捷，徐人杰主编
——北京 : 中央民族大学出版社，2020.6
ISBN 978-7-5660-1790-1

Ⅰ . ① 2··· Ⅱ . ①陈··· ②徐··· Ⅲ . ①观光农业—案例—北京—2019
Ⅳ . ① F592.71

中国版本图书馆 CIP 数据核字（2020）第 083543 号

2019 艺术乡村主题展

主　　编　陈奕捷　徐人杰
责任编辑　黄修义
装帧设计　一方智业
出 版 者　中央民族大学出版社
　　　　　地址 : 北京市海淀区中关村南大街 27 号　邮编 : 100081
　　　　　电话 : 68472815（发行部）　传真 : 68932751（发行部）
　　　　　　　　68932447（办公室）
发 行 者　全国各地新华书店
印 刷 者　北京久佳印刷有限责任公司
开　　本　787×1092　1/16　印张 : 7.25
字　　数　150 千字
版　　次　2020 年 6 月第 1 版　2020 年 6 月第 1 次印刷
书　　号　ISBN 978-7-5660-1790-1
定　　价　120.00 元

2019 艺术乡村主题展

2019 ART & RURAL AESTHETICS EXHIBITION

指导单位：北京市农业农村局

主办：北京市农村经济研究中心
北京国际设计周
北京观光休闲农业行业协会

协办：北京市顺义区农业农村局
北京市平谷区镇罗营镇人民政府
北京市密云区古北口镇人民政府
大同市新荣区花园屯乡人民政府
北京市农产品产销信息协会
北京盛华宏林粮油批发市场
北京兴农天力农机服务专业合作社
北京兴农鼎力种植专业合作社
吉里（北京）国际艺术区

策划：北京观光休闲农业行业协会规划设计工作委员会
北京一方人杰企划有限公司

支持：（排名不分先后）
农民日报社
北京电视台
国务院发展研究中心《经济要参》
全国农业科技创业创新联盟
中国长城学会国际部
北京市平谷区文学艺术界联合会
北京市顺义区农民专业合作社联合会
鸟巢艺术联盟
中国艺术研究院中国油画院
北京乡村休闲旅游发展促进会
北京卓越企业家成长研究基金会
北京观光休闲农业行业协会民宿专业委员会
中国人类学民族学研究会博物馆文化专业委员会
辅仁书苑
东篱文旅

CONTENTS

目录

BEIJING 2019
DESIGNWEEK
北京国际设计周
BEIJING 2019
DESIGNWEEK
北京国际设计周
BEIJING 2019
DESIGNWEEK
北京国际设计周
ARCFOX
2019北京国际设计周全程战略合作伙伴
STRATEGIC PARTNER OF 2019 BJDW

前言

北京国际设计周由北京市政府联合教育部、科技部、文旅部共同主办，是国内外设计机构、设计人才及其文创成果进行常态化展示、交流、交易的服务平台，是北京市具有国际影响力的大型文化活动。

从 2015 年的北京创意农业主题展开始，我们开创了以“主题展”的方式来关注农业与乡村的发展，展览主题实际是农业和乡村发展方式的一种导向，也是相关工作方法的一些探索和研究。继 2017 年的北京休闲农业主题展、2018 年北京农创美学主题展之后，我们又策划了 2019 年艺术乡村主题展。“艺术乡村”是通过艺术理念和创意对乡村的自然资源、人文景观进行合理开发利用和再设计，营造出具有视觉美感、文化意味和艺术价值的乡村人文方式。“艺术乡村”作为新时代中国农业和乡村发展的一种视角和导向,也是一种助力乡村振兴的工作方式。“艺术乡村”与“智慧农业”将会成为未来提质农业农村建设的“情理”双拳组合。

这项活动得到了北京市农村经济研究中心和北京观光休闲农业行业协会的指导和支持，并纳入《北京市休闲农业与乡村旅游提质升级》研究项目。

艺术乡村主题展是 2019 北京国际设计周 · 设计之旅的特色主题活动，“艺术乡村”各种展事、实践项目一一展开，为中华人民共和国成立 70 周年大庆增添了清新的乡村元素，也为乡村振兴拓展了思路，更为北京市农村经济研究中心积累了全新的研究案例。

农文旅融合赋能美丽乡村建设

■ 刘军萍（北京市农村经济研究中心副主任，
北京市城乡经济信息中心主任、研究员）

一、文旅融合的内涵

（一）30 年前，于光远先生的观点

20 世纪 80 年代，我国著名经济学家于光远先生编著了《论普遍有闲的社会》，书中于老以战略思想家的眼光，论述了休闲与社会进步的关系，并指出"'闲'是生产力发展的根本目的之一，闲暇时间的长短与人类的文明进步是并行发展的"。在《关于文化与旅游事业的对话》一文中提到两个观点：一是旅游是文化性很强的经济产业，也是经济性很强的文化事业。二是要玩得有文化，要有文化地玩。这两句话是对文旅融合的最精准阐释，文化为旅游提供资源，旅游是文化的载体。

（二）10 多年前，中央的意见

2007 年中央一号文件提出，要发挥农业的"生态保护、文化传承、观光休闲"等功能。鼓励和支持发展多功能性农业。这也是文化与农业、与乡村旅游融合，提得最早的国家号召了。5 年前，国务院办公厅《关于推进农村一二三产业融合发展的指导意见》（国办发〔2015〕93 号）强调加强农村传统文化保护，合理开发农业文化遗产，大力推进农耕文化教育进校园，建设农业教育和社会实践基地。2019 年中央一号文件指出，充分

发挥乡村资源、生态和文化优势，发展适应城乡居民需要的休闲旅游、餐饮民俗、文化体验、健康养生、养老服务等产业。

（三）1 年前，文化和旅游部的主张

2018 年国家机构改革将文化部与旅游局合并后，文旅融合被更加重视和热捧。其实，无论是理论上还是实践中，文旅融合从来没有停止过。文化和旅游部雒树刚部长提出：宜融则融，能融尽融，以文促旅，以旅彰文。

二、美丽乡村建设中的产业选择

（一）美丽乡村建设的内涵和目的

建设美丽乡村，实施乡村振兴是当前和今后一段时期的重点工作任务。2019 年除了中央一号文件外，5 月份中共中央、国务院发布《关于建立健全城乡融合发展体制机制和政策体系的意见》、6 月份国务院印发《关于促进乡村产业振兴的指导意见》，这些文件的出台意味着“三农”工作进入了一个新时代。这是一场新的“上山下乡”运动，是一个以“创造美好生活”为核心内容的新乡村运动。

实施乡村振兴战略“三步走”时间表

按照党的十九大提出的决胜全面建成小康社会、分两个阶段实现第二个百年奋斗目标的战略安排，中央农村工作会议明确了实施乡村振兴战略的目标任务：

到 2020 年

乡村振兴取得重要进展，制度框架和政策体系基本形成

到 2035 年

乡村振兴取得决定性进展，农业农村现代化基本实现

到 2050 年

乡村全面振兴，农业强、农村美、农民富全面实现

乡村振兴就是要抓重点、补短板，实现乡村产业振兴、人才振兴、文化振兴、生态振兴、组织振兴，推动农业全面升级、农村全面进步、农民全面发展。对应乡村五大振兴，美丽乡村建设的内涵有“五保”，即生态保护、资源保育、文化保持、制度保证、民生保障。美丽乡村建设的目标有

“三重”，即从功能定位和资源匹配上重构乡村的空间结构、从产业产能和产业价值上重塑乡村的经济结构、从外在形象和内在品质上重建乡村的社会结构和组织结构（如下图所示）。

内涵：“五保”

① 生态保护
② 资源保育
③ 文化保持
④ 制度保证
⑤ 民生保障

乡村振兴

目标：“三重”

① 重构乡村的空间结构（功能定位和资源匹配）
② 重塑乡村的经济结构（产业产能和产业价值）
③ 重建乡村的社会结构和组织结构（外在形象和内在品质）

美丽乡村建设的内涵和目标

2015年密云蔡家洼彩帽园丁大地艺术

（二）产业选择

乡村产业是根植于县、乡、村，以农业农村资源为依托，以农民为主体，以一二三产业融合发展为核心，彰显地域特色、体现乡村气息、承载乡村价值、适应现代需要的产业，要做强现代种养业、做精乡土特色产业、提升农产品加工流通业、优化乡村休闲旅游业、培育乡村新型服务业、发展乡村信息产业。在六大类型产业中，乡村休闲旅游业是横跨一二三产业、兼容生产生活生态、融通工农城乡的新产业新业态。其具有的“市值”“颜值”“气质”“基质”和“品质”等特性，使之成为众多乡村特别是大中城市郊区的乡村产业发展的不二选择。

2010年北京古北口村长城“觅宝之旅”休闲旅游与科技体验活动

（三）当前乡村休闲旅游产业的发展现状

1. 产业之“量”（规模与效益）

近五年来，我国休闲农业与乡村旅游收入持续保持增长，年复合增长率达 30% 以上。美丽乡村成为城市居民休闲、旅游和旅居的重要目的地。北京拥有全国星级休闲农业园区近百个，7 个区获得“全国乡村旅游示范县”称号。2018 年实现收入 40 亿元。2019 年上半年，全市观光园接待 690.5 万人次，同比下降 15%；实现总收入 10.4 亿元，同比下降 9.1%。

2. 产业之“态”（结构与形态）

从空间分布上看，休闲农业和乡村旅游已从零星分布向集群分布转变，从城市郊区和景区周边向更多适宜发展的区域拓展。从业态类型上看，乡村休闲旅游呈现出三种趋势，即农田变农业公园、农房变民宿、农村变乐园。

3. 产业之“痛”（问题与症结）

休闲农业的发展存在三大痛点。一是乡愁出现断层。据统计，从 2000 年至 2010 年的十年间，全国每天大约有 100 个村庄离去或者消失。已经保留下来的乡村也逐渐被“城市化”改造了，乡村的稀缺让乡愁无处安放。二是产品的文化属性少。旅游到文化一座山，差学问；资本到旅游一座山，差文化。台湾休闲农业比国内的发展水平高，其主要表现在从本土历史文化与当地特色资源发现、挖掘和创造出丰富多彩的文创产品。三是产品缺乏迭代创新。台湾注重产品创意、深加工能力以及科技的植入，极大地延伸了产业链，衍生产品极大丰富。而北京的休闲农业，产业链太短，产业链断链。特别是二产开发的深度和力度远远不够。

2003年平谷鲜桃开启北京农产品品牌建设

三、农文旅融合赋能美丽乡村建设之路径

（一）产业之“势”

1. 政策撬动（产业载体）

农文旅融合迎来了好时代，生态文明纳入“五位一体”，乡村振兴战略不仅列为国家发展的重要方略，还写入了《中国共产党章程》。2019 年党中央、国务院及农业农村部等相关部委文件密集出台：

——3 月国家林业和草原局文件中提出要建设 300 处国家森林康养基地。到 2020 年，建设 200 个示范性森林城市、1000 个森林小镇、1 万个森林公园，建成一批森林人家、森林步道和森林疗养康复基地。

——6 月国务院文件中表示，5 年内将投 7 万亿元用于优化乡村休闲旅游业等 6 大产业发展。实施休闲农业和乡村旅游精品工程，推进农业与文化、旅游、教育、康养等产业融合，发展创意农业、亲子体验、功能农业等业态。培育一批美丽休闲乡村、乡村旅游重点村，建设一批休闲农业示范县。北京第一批有包括古北口在内的9个村成为首批乡村旅游重点村。

——8 月国务院办公厅《关于进一步激发文化和旅游消费潜力的意见》中提出，以高质量文化和旅游产品供给，激发和提升文化和旅游消费潜力，提升文化和旅游消费质量水平。九项政策措施中，涉及乡村旅游产业的占三条，即第五条（乡村振兴）、第六条（农业农村）、第八条（产业融合）。

2. 消费拉动（产业受体）

现在跨入“小康 + 健康”的“双康”时代，2018 年中国人均 GDP 接近 1 万美元。毋庸置疑，居民的消费力显著增强，居民对乡村旅游以及对休闲农业的消费需求都会有大幅度提升。消费群体的变化、消费倾向的变化、消费能力的变化，将促进乡村休闲旅游业进入一个新阶段。

3. 生产推动（产业供体）

农业供给侧结构性改革以及城市科技、人才、资本等要素的注入对生产主体、生产能力（装备与设施）、生产条件（人、钱）都带来了极大的推动。

龙湾巧嫂园区指示系统装置

（二）产业之“策”

1. 倡导一个负责任的“善行旅游”方略。这是 2011 年 4 月联合国教科文组织提出并在全球实施的一个项目。这是一个集合了天人合一、文化包容、可持续发展、负责任等全新的旅游概念，站在文化和道德的高度进行旅游实践的有益尝试。其核心就是要促进旅游者的人生发展、旅游点的

2019年大同市新荣区花园屯乡沟壑艺术谷规划

社区发展、旅游从业人员的素质提高。海南省保亭县的呀诺达热带雨林文化旅游区形成的“善行旅游”已成为该景区特有的文化旋律。

2. 注重一个能够深呼吸的“康养旅游”方向。习近平总书记说：“深呼吸这个最基本的需求，倒成了现在老百姓最幸福的追求，很值得我们深思。”追求深呼吸、养生养老实现大健康、休闲享受慢生活成为我们的奢侈品，市场需求很大。30 余年来，我国的森林旅游业一直保持着快速增长态势，2016 年 10.5 亿人次的全国森林旅游游客量创造了社会综合产值 8000 亿元。预计到 2050 年，中国老年人口的消费潜力将增长到 106 万亿，为全球第一大养老市场。

3. 主张一个拥抱互联网的“智慧旅游”方式。浙江乌镇构筑了智慧旅游应用体系：对官网的优化、微博平台与游客的互动；扫码支付完全普及（从买票、检票到购物住宿扫码即可，完全实现“二维码”手机扫描全自动化检票流程），随时随地免费连接“爱 WiFi”，并永久实施；建立了独立的网络销售平台，游客可以通过乌镇旅游预订网站了解景区住宿、服务、餐饮、特产等一系列信息，在 PC 和手机端均可实现预订。

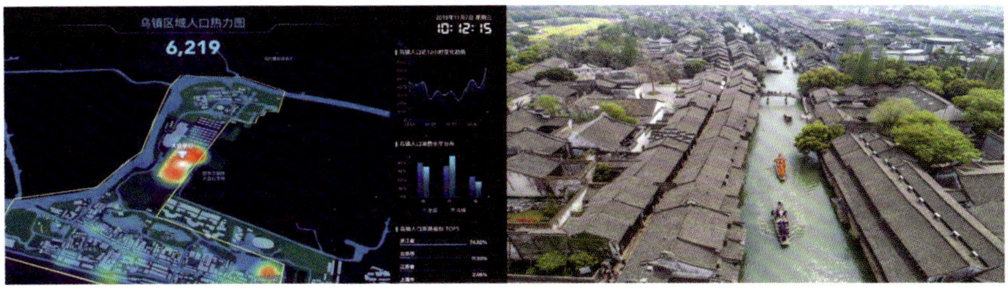

人口热力图显示乌镇世界互联网大会现场人流分布

（三）产业之“路”

习总书记在 2017 年指出中华文明根植于农耕文明，要深入挖掘、继承、创新优秀传统乡土文化。让有形的乡村文化留得住，就要充分挖掘具有农耕特质、民族特色、地域特点的物质文化遗产，加大对古镇、古村落、古建筑、民族村寨、文物古迹、农业遗迹的保护力度。让活态的乡土文化传下去，就要深入挖掘民间艺术、戏曲曲艺、手工技艺、民族服饰、民俗活动等非物质文化遗产。让农业与文化、旅游充分融合，在此提出八条有效路径，并且给出了相关案例。

农文旅融合的有效路径

1. 艺术 +

——日本新潟越后妻有：保留着日本传统的农耕生产方式，人口渐少且 65 岁以上的老人占 30%。日本策展人北川富朗 2000 年创办“大地艺术节”，以“人类属于大自然”为主题，每三年举办一届，艺术创作与大自然融为一体，赋予这里的梯田、农舍、雪景、山川河流以美感，达到艺术与实景、文化遗产、民间民俗、农民生活相结合。欣赏这些艺术作品也需要行走在田间山村、流连于农家村舍、漫步于河流小溪、攀登穿越于山川林间。艺术节吸引了 44 个国家和地区的 335 组艺术家参与和近 300 万游客游览。

——台湾苗栗端午稻田：应景的“粽情端午”主题，选用农试所改良杂交品种：黄、白、紫色，加上一般水稻的绿色共 4 色；自 3 月插秧后的龙舟图案已显影且立体。

日本新潟大地艺术节

——北京兴农天力大地艺术节：将艺术思维植入 400 亩的油菜花海，融合北斗七星天象、天眼、天尊、雕塑稻草艺术装饰等，让人在畅游花海感受浪漫意境的同时，也加入了青春艺术的气息。“都市农夫形象”雕塑、现代化大型农机的加入，突出了乡村、农业的主题。“五一”接待游客达 10 万余人次，各项收入达 265 万元。

2019年兴农天力农业艺术区

——北京怀柔红庙村“京郊灯笼第一村”：2005 年北京观光休闲农业行业协会“艺人下乡传手艺　农民在家学技能”活动中培育出来的一个“艺术乡村”。春节旺季一个月的订单超过 20 万元。

2. 科教 +

——日本农教融合：通过系统的稻作文化传承教育，贯穿了稻米是民族文化之魂的理念，实现了农业文化传承、国民人格塑造、在地乡村振兴。在日本的总体食物自给率不到 30% 的情况下，日本的大米自给率长期保持在 96% 以上，并且可以大宗出口，在国际上树立起“最好吃的大米在日本”的品牌形象。种、吃日本米，做日本人，这被上升到一种民族精神的高度。

2015年吉里艺术区创意农业展

——田妈妈蘑法森林：面向 2~12 岁儿童及家庭和中小学生，是 个具有教育、休闲、体验、科普、社交等功能的新型户外亲子农业教育和中小学生社会实践基地。2015 年开业以来已累计举办特色活动 300 余次，接待 12.2 万人次亲子家庭成员、8.8 万人次研学中小学生和社会大课堂学生。获得全国休闲农业与乡村旅游四星级园区、北京市课外实践大课堂资源单位称号。

——台湾桃米社区及台湾三茅屋民宿：社区“摇晃的记忆”三茅屋青蛙主题民宿，使之从一个地震废墟变成一个昆虫生态文化体验休闲区。

3. 创意 +

——汝州花海网红桥：后大棚房时代，玩转休闲农业和乡村旅游的“无中生有”典型案例。

——台湾梅子工厂：台湾第一家说故事的酒庄。开发出的酒制品除了传承信义当地传统佳酿技术外，产品的命名更是以居民生活故事作为主轴，如“梅子跳舞”“山猪迷路”“长老说话”等。梅子加工品更是多达几百种，生日系列、爱情系列、数字系列、养生系列、电影系列、活动系列等。

台湾梅子工厂

4. 康养 +

国家林业和草原局已经在武汉和长白山举办了两届中国森林旅游节。

——福建省将乐县：连续三年名列中国百佳深呼吸小城榜单榜首（2018 年游客总量 200 多万人次，收入接近 15 亿元，同比增长都在 15% 左右）。

——浙江省湖州市顾渚村：位于中国美丽乡村发源地，一个贫穷落后闭塞的小山村成为远近闻名的“上海村”，森林覆盖率达 90% 以上，空气负氧离子含量达 1 万个 / 立方厘米，是大氧吧。

5. 美食 +

——袁家村：现在年接待游客 450 万人次，旅游收入接近 10 亿元，关注关中小吃，有 100 多种，不重样，打造出很多网红食品。仅卖酸奶每年就有 3500 万元的收入。

陕西关中袁家村

贵州西江千户苗寨

6. 民族 +

——贵州西江千户苗寨：包括建筑文化、服饰文化、饮食文化、节日文化、酒文化、风俗习惯、婚俗文化、歌舞文化。聚集了 1400 户，吊脚楼古建筑群，属于民居建筑的活化石，被誉为保留苗族文化“原生态最完整的地方”。2018 年旅游综合收入 60 亿元，是 2008 年的 60 倍。经验：注重文旅融合——新增多个苗族活态文化参观体验项目，苗族“十二道”拦门酒展演、雷山苗家“高山流水”敬酒等。创立民族文化保护发展的利益共享机制，其发展式保护、参与式保护和共享式保护方式既有效地传承保护了本民族文化，又提升了当地村民的文化自信，启发了他们的文化自觉。

7. 建筑 +

——北京爨底下明清古村落：距今已有 400 多年历史，现保存着 500 间 70 余套明清时代的四合院民居。爨底下依山而建，依势而就，高低错落，以村后龙头为圆心，南北为轴线呈扇面形展于两侧。村上、村下被一条长 200 米，最高处 20 米的弧形大墙分开，村前又被一条长 170 米的弓形墙围绕，使全村形不散而神更聚，三条通道贯穿上下，而更具防洪、防匪之功能，是我国首次发现保留比较完整的山村古建筑群。

——日本白川乡合掌村：114 栋合掌造建筑，是世界文化遗产，被称为“一辈子要去一次”的童话小村庄和“日本传统风味十足的美丽乡村”，每年接待游客超过 600 万。创造出了一系列独特的乡土文化保护措施。

8. 设计 +

——北京新民宿生活美学：院落、墙体、餐食、居室等用心设计与装饰，体现主人情怀和特有主题。这一方面密云是起点——干峪沟的山里寒舍是闲置农宅开发精品民宿的第一个代表项目。其他的案例，如河南寨镇圣水头村的乡志圣水鸣琴精品民宿、溪翁庄镇黑山寺村的风林宿、金叵罗村的老友季、石马峪的漫山居、司马台新村的麦语云溪、冯家峪的鹿鸣山居，还有大城子镇的大城小院、不老屯的合社，这些都是京郊精品民宿的优秀代表。

北京密云山里寒舍

乡村休闲旅游以其无所不在的风景、无中生有的创意、无微不至的服务、无时不有的惊喜，必将创造出无边风月的未来，让我们共同努力翘首以待，再造乡村，这边风景独好！

2014年北京平谷大华山醉桃园艺术装置

设计走进美丽乡村 促进乡村振兴发展

■ 宋慰祖（北京市政协常委、副秘书长，民盟北京市委专职副主委，
北京设计学会创始人，北京国际设计周战略顾问，
工业设计高级工程师）

2017年新农人龙湾屯宣言

乡村是人类历史长河中农业文明时代的创造，它是生产、生活与自然的协调共存、生生不息，对推动人类文明的发展具有里程碑的意义。今天乡村的文化价值、历史价值、生态价值、社会价值、经济价值依然很高，仍然是现代社会发展中不可或缺的组成部分。实现乡村振兴是时代发展的要求，是建设小康社会的必经之路。

开展“设计走进美丽乡村”，旨在用设计的方法——即“设计是集成科学技术、文化艺术、社会经济等知识要素成果，创造满足使用者需求的商品和服务的科学创新方法”——围绕“美丽乡村”建设理念，开展乡村设计示范，推动产业发展，提升形象，促进交易，科学地传承、保护和发展我们的乡村，展示新农村建设的科学性、创意性、人文性，打造生态文明突出、生活环境和谐、产业结构合理的中国特色世界城市的新农村，实现乡村振兴的整体推进。

一、乡村振兴是满足国家发展的需要，是满足农民对美好生活的需要

乡村振兴的目标，2018 年中央一号文件明确提出：坚持农业农村优先发展，按照产业兴旺、生态宜居、乡风文明、治理有效、生活富裕的总要求，建立健全城乡融合发展体制机制和政策体系，统筹推进农村经济建设、政治建设、文化建设、社会建设、生态文明建设和党的建设，加快推进乡村治理体系和治理能力现代化，加快推进农业农村现代化，走中国特色社会主义乡村振兴道路，让农业成为有奔头的产业，让农民成为有吸引力的职业，让农村成为安居乐业的美丽家园。

中国作为世界上农耕文化起源最早、历史最悠久的国家，发展的每一个节点都离不开解决农村、农业、农民问题。可以说中国历朝历代的更迭都是一次农村生产资料的再分配，由此化解社会矛盾。

近现代为破解中国落后、贫弱的问题，一批有志之士也在乡村发展问题上开展了大量的探索。民盟人梁漱溟开展“乡村建设行动”，创建了“乡村建设派”。“乡村建设”的主要内容是：建立政治和教育合一的乡农学校，同时推行“新乡约”，建立“乡村自卫组织”，举办供销、信用等合作社，推行农业技术的改进措施。民盟前辈费孝通从 20 世纪 30 年代的“江村调查”开始，研究了当时一批知识分子探索送科学技术下乡，组织蚕丝改进社，进而将工业引进农村，创办乡村工业的经过、成绩、困难、组织结构和管理制度等，提出了“在人多地少的地区，在发展粮食生产的同时，必须大力发展副业”的建议。

人民日報

RENMIN RIBAO

中共中央国务院关于实施乡村振兴战略的意见

（2018年1月2日）

《人民日报》头版头条 2018 年乡村振兴战略中央一号文件

在中国共产党领导的革命和建设中，农村、农民、农业问题始终是主线。从党的创建初期的农民运动讲习所，毛泽东的《湖南农民运动考察报告》充分估计了农民在中国民主革命中的伟大作用，明确指出在农村建立革命政权和农民武装的必要性。国内革命战争期间，提出了“打土豪，分田地”的口号，团结了广大的农民，在井冈山等农村建立了革命根据地。抗日战争时期，开展“二五减租”动员了农民群众，农村成为共产党领导的人民军队的敌后根据地。土地法大纲的制定，解放区轰轰烈烈的“土改”运动，保证了人民解放军的兵源充足，农民群众支前热情高涨，小车推出了淮海战役的全面胜利。从西柏坡的《中国土地法大纲》到《中华人民共和国土地改革法》，让土地回到人民手中，激发了人民建设社会主义的热情。从初级社、高级社到人民公社农民组织起来集体生产经营。农民生产力的释放，保障了国家科学研究和社会主义建设的快速发展。拨乱反正的前夜，小岗村的血手印，盖出了联产承包责任制，改革又是从农村起步。

今天，中国作为世界第二大经济体，钱我们有了，实力大大提升了，工业、服务业高水平发展，城市发展日新月异。农业占比已十分低，但农村占国土面积的比例是绝对高，农村人口的占比仍超过城市。这一轮的乡村振兴，在脱贫攻坚的基础上，更重要的是打造和谐、生态、宜居、富裕的“美丽乡村”，实现中华民族伟大复兴的中国梦。

二、乡村振兴需要一系列的乡村“设计”

正如习近平总书记所言，“中国要强农业必须强，中国要美农村必须美，中国要富农民必须富”。农业强不强、农村美不美、农民富不富，决定着亿万农民的获得感和幸福感，也决定着我国全面小康社会和社会主义现代化的质量。围绕乡村振兴战略，开展“设计走进美丽乡村”，导入“艺乡建”理念，全面提升乡村社会治理能力和治理水平的现代化。

伟大的变革——庆祝改革开放40周年大型展览

首先，乡村振兴规划设计首先是战略发展规划设计，麻雀虽小也要多规合一，不仅是建筑设计。其次，是乡村设计的基础目标是围绕产业转型升级，目的是满足村民对美好生活的需要。再次，是要将保护与发展相结合，突出特色，保护特征，做出特质。要开展乡村多规合一的系统设计、乡村经济合作组织设计、乡村治理体系设计、乡村产业设计，加强村域环境规划设计、民居建筑设计、农产品深加工设计，提升民宿设计、生态环境设计、旅游设施设计、乡村文化活动设计、社区公共服务设计。

“小康不小康，关键看老乡。”要在这一系列“设计”上努力下真功夫、下苦功夫、下实功夫，实现农业全面升级、农村全面进步、农民全面发展的目标，谱写新时代乡村全面振兴的光辉篇章。

三、强化传统村落保护与利用的设计

传统村落是中国乡村之精华，是中华农耕文明的历史见证，也是世界文明史的活化石，更是发展乡村生态休闲旅游产业的核心基础。国家明确要求，加强传统村落保护必须规划设计先行，要有保护规划才能实施。

目前在乡村传统村落保护的规划设计中，主要有三支力量参与：一是有资质的规划设计院，它是搞建筑硬件设计规划的，照搬照抄城市规划设计模式画图纸搞建筑施工，满足了开发商蚕食乡村的要求，拆毁了古村落，建起了假古董，对农村发展毫无指导价值，收费甚高；第二类是文化社科专家，理论水平很高，但理论与实际不结合，喊口号提建议多，但没有实施方案，无法操作，而且因为没资质，政府不承认是规划设计；再一类是院校和独立设计公司的新生代设计队伍，创意能力强，对乡村设计内容考虑相对较为系统，但有三大缺陷——一没资质，二创意过度，三注重个人体会，忽略乡村实际需求。

这三支力量的现状给传统村落保护设计带来两大问题：一是教条主义的论“资”确定规划设计机构，导致没有经验、不懂乡村规划设计的设计院所承担了设计任务，由于对乡村设计的内涵、内容不了解，经验不足，迟迟拿不出可行的设计方案，从而使村民忍无可忍，私拆乱改，严重破坏了传统村落的风貌和文化遗存；二是不调研、不实践，“闭门造车”盲目做规划设计，花拳绣腿，好看不实用。

要破解上述问题，首先应制定传统村落保护设计的规范标准。关键是文化风貌保护与产业发展利用的关系要处理好，针对每一个村落的特点，“一村一样（即一村一品）”地开展个性化设计。什么是“一村一品”？就是一个村庄和另一个村庄的品性、品类、肌理、定位、建设风格要各具特色，不可简单复制。要找准切入点，抓住其特色，在保护乡村肌理、传承优秀文化的基础上，开展村域环境设计、民居改良设计、特色商品设计、产业发展设计。要做到多规合一，系统全面，跳出建筑规划设计的传统怪圈。既要考虑传统风貌的保护和乡村环境肌理的保存，也要关注如休闲旅游产业发展和人的基本公共生活需要。

其次，应从乡村振兴和传统村落保护的角度出发，设计要做到：一是保护村域环境肌理不变，提升村域导示系统；二是民居设计要遵循“吃外住内”原则，外部形态要原始，内部环境要时尚、舒适；三是农业产品要升级，要保持原生态，塑造品牌 IP，服务旅游者消费。而这一切都要基于乡村治理的顶层设计，要实现乡村经济集体化、农业生产计划化、农村生活城市化。

2019年北京国际设计周
艺术乡村主题展

艺术乡村观

■ 曾辉（北京国际设计周组委会办公室副主任，北京设计学会监事长）

艺术介入乡村不仅仅是帮助乡村去做一些表面美化的工作，实质上是要帮助乡村做社会创新。用艺术精神和设计思维来帮助乡村做提升做创新。

乡村的问题确实挺复杂的，其实一个乡村就是一个国家的浓缩，是一个社会形态的集成，“麻雀虽小，五脏俱全”，农耕时代的历朝历代把社会治理体系的重点都放在乡村。这也说明把乡村做好是国家的战略思考，这不只是因为我们站在城市角度去施舍乡村，去怜悯农民，而是国家生存与发展的核心基础，所以艺术家和设计师们无须站在道德的高地上去表明关心乡村、服务乡村，其实大家只是在承担本分的社会责任。

从这个意义上来讲，不能只是把乡村当作满足城市人回归田园生活向往的地方，只是让城市人能够在乡村里看到一种有别于城市生活的田园景象。乡村复兴应当真正让乡民感受现代、健康、宜居、美好的生产与生活方式的进步。要想做到这一点，无论是在乡村环境、乡村健康、乡村康养、乡村文化、乡村经济上，还是在乡村可持续发展上，都需要乡村艺术和乡村设计的深度介入，实现“艺术振兴乡村，设计唤醒乡村”的社会价值。

2018年武家庄红砖艺术小镇

一、“清洁乡村”，回归乡村的健康生活方式

从“清洁乡村”开始，为健康生活方式而设计，不仅是疫情引发的社会创新解决方案，更是乡村可持续发展的需要。

在乡村历史中，村民在丢弃废弃物的乡村环境中生活，经常因此而感染疾病。特别是由于疫情，促进人们改变不洁的生活环境和不良的生活方式。通过艺术介入方式，引入公共艺术行为，改善乡村清洁环境，引导村民从自扫庭院到清扫公共空间，惜爱公共卫生环境，使乡村成为村民共同的洁净家园。例如改善乡村水环境，避免污水随意排放，就可以防止疫病传染，并且提高了乡村环境质量和生活质量。乡村设计一个小小的进步，却大大影响着乡村的健康生活方式。

2017年龙湾巧嫂园区艺术涂鸦

二、“亲老乡村”，培育亲切的乡村康养生活方式

培育“亲老乡村”的康养式社会创新方式，安排“亲老”艺术活动让老年人有更多机会与年轻人、儿童在一起，使老年人更有信心和活力，“亲老”如同“亲子”一样，不是单纯、孤立的养老模式，否则越养越“老”。让城市老人也愿意来到乡村休闲生活，回归自然。因此，艺术化、互助化的乡村康养模式也是中国老龄化问题的社会创新设计思考。

三、“生态乡村”，尊重乡村的原生态生活美学格调

乡村生态环境保护至少要做到不砍树、少拆房、慎填湖。中国有很多有历史的乡村，但很多乡村历史遗迹被扒倒重来，一点痕迹都不留，破坏了乡村人文和自然环境。而乡村艺术化的生态环境以生态经济为引导，包括乡村历史遗存、生态农业、生态旅游等，把田园和果园变成乡村艺术公园。

特别是乡村生态住房和公共空间，以绿色建筑为方向，再生材料和生态建材以及宜居的乡村建筑设计都是乡村可持续发展的需要。

例如乡村夯土建筑，具有就地取材、施工简易、冬暖夏凉、造价低廉等特点。在中国历史上乡村住房建设中，传统夯土建筑曾经被广泛使用。然而，由于传统夯土建筑在抗震性能、耐久性能、功能布局等方面存在一定缺陷，因此需要对传统夯土技艺进行现代设计转化，以提高夯土房屋的

宜居性与安全性。现代夯土建筑，对传统夯筑材料、夯筑工艺及房屋抗震构造措施进行适宜性改良提升。传统夯土材料一般采用当地原状土，而现代夯土技艺中的夯土材料则是采用经过合理级配的土石混合料，全面提升了房屋抗震性能。夯土材料具有再生利用的可持续发展能力，不仅是乡村民居，在乡村公共空间、民宿建筑等更多方面都有其传承创新价值。

浙江省莫干山伴屋民宿，原本为百年老宅，主体结构为夯土墙和穿斗式木结构。

为此，当代夯土建筑应是解决中国贫困乡村住房问题的设计解决方案，也是乡村建筑的传统美学和艺术表情，以现代设计方式转化与复兴夯土建筑非遗技艺，是“让乡村更乡村”的建筑设计智慧和艺术气质。

四、“文化乡村”，推动乡村文化综合体建设

乡村文化综合体是集乡村图书馆兼文化讲堂空间、乡村博物馆、咖啡馆、乡村艺术民宿、非遗手作工坊等综合功能为一体的文化空间，应是政府重点扶持建设的可复制项目模式。营造乡村文化综合体服务于村民和游客，不同规模和形态的文化综合体可以广泛普及乡村，进而带动乡村文化素质和氛围的提升与创新。

基于在地的乡村历史文化，汇聚文化扶贫公益项目和资源，丰富和活跃乡村文化内容。乡村文化综合体是基于“艺术振兴乡村、设计唤醒乡村”的理念，以乡村共性化的公共文化服务为主体，集乡村文化的综合服

务功能，构成开放式、共享式的乡村公共文化服务平台，以乡村公共文化展示、节庆活动与乡村旅游等经营模式相结合。例如乡村博物馆可将乡村变迁历史与遗存、非遗与传统工艺文化、农物品类、农事农具和生活器具等进行基本陈列，保留乡村记忆，形成乡村旅游看点。非遗手作工坊，发挥传统工艺资源优势，设置手作创新和体验工坊，组织艺术家、设计师与非遗传承人结合，也可作为儿童乡村美学教育和非遗体验活动空间。

举办“和而不同”的乡村大地艺术节、乡村美食市集、乡村音乐节等巡展巡演活动，提高影响力，吸引民宿消费群体，形成社会创新能力与文化效益。

五、“手工乡村”，劝业复兴乡村现代手工业态，吸引年轻人回乡

乡村传统文化的复兴，离不开保护与传承，更离不开创新与转化。转化为现代生活所需，产业升级所求，传统手工文化才有价值。让乡村传统手工文化活在现代生活中，与现代文明下的生产方式结合，也是“工匠精神”的重现。因此，乡村现代手工业复兴是培育文明和生活力量的重要内容。

农业和手工业是支撑人类几千年文明的两大支柱产业，手工业和农业就像孪生兄弟，是人类文明体系中不可缺少的根基。一直以来，我们都在推动传统手工的复兴与现代转化，我们不仅仅是要把它推成以非遗为代表的传统手工艺形态，而且要劝业复兴乡村现代手工业体系，因为乡村现代手工业是现代工业化的有机补充，是当代生活的需要。

乡村通过家庭工坊等方式，因地制宜，就地取材，靠山吃山，靠水吃水，学习吸收传统手工技艺，吸引年轻人回乡从事现代生产型的手工业，创造新生活市场，形成新业态来形成乡村旅游和经济的“造血”功能，这样就能够让乡村实现经济转型升级，这也是精准扶贫的重要内容，授之以鱼不如授之以渔，让现代手工业成为乡村经济复兴的关键。乡村不仅是城市生产的消费地，而且是自我经济增长的承载地。

从这些意义上来讲，需要从乡村业态、生态、文态上来推动乡村现代手工业的综合创新，实现传统手工艺的现代转化，乡村艺术与设计就是其中重要的创新方式和手段。

艺术设计学院作为“新农人”介入乡村振兴策略探索

——以北京服装学院环境设计系实践教学为例

■ 李政（北京服装学院艺术设计学院环境设计系主任）
常炜（北京服装学院艺术设计学院院长）

北京服装学院艺术设计学院环境设计系成立于 1998 年，是北京市属院校最早建立该专业的高等院校之一。艺术设计学院致力于为“明日中国”而设计，育人与专业教学有机融合，实践教学回应国家城乡融合的目标和乡村振兴战略的实施。在乡村建设这个领域中，坚持用设计教学和人才培养反哺乡村，用政治思想教育带动设计教学，使学生在实践过程中理解国情，认识民生，培养未来设计师的责任感和家国情怀。

北京服装学院环境设计系进行乡村建设的实践课程，从意识到行动在北京各艺术高校中都算是早的。陈六汀、李瑞君两位老师带领研究生设计团队，与中央美术学院等四所高校组成联合课题组，对陕西省三原县柏社村的地坑式窑洞进行居住环境改造公益性设计与实施，设计成果获得了第十二届全国美术作品展金奖、2013 年北京国际设计周大奖等多个奖项。金岩、陈望、韩诚等几位老师带领本、研学生组成设计团队，从北京市延庆区北地村开始，到河北省秦皇岛市青龙满族自治县七道河乡石城子村进行“设计服务乡村”的帮扶活动。李政、高华、赵冠男三位老师带领本、

石城子村“设计服务乡村”帮扶活动

石城子村民宿改造

研学生组成设计团队，在北京市通州区西集镇吕家湾村进行的“设计服务乡村”活动，获 2018 年度北京高校红色“1+1”示范活动一等奖。2018 年至 2020 年，金岩、陈望、李政、张乐、赵冠男等五位老师带队本、研学生组成设计团队，定向北京市怀柔区西栅子村的设计扶贫工作。2020 年，李政老师还将带设计团队对接安徽省宣城市宣州区水阳镇镇区公园设计等项目。

诸多课题项目，来源不同，地域不同，目标诉求也不同，虽然都属于乡村建设的范畴，但每一个项目最终呈现出的成果却各具特色，迥然有别。环境设计系在此作文，希望作为“新农人”的一分子，以两个在北京郊区实施的“设计服务乡村”实践教学案例与大家分享，相互启迪，相互借鉴，使我们的视野更加宽广，教学工作更加完善，为国家乡村振兴战略培养优秀设计人才，奉献更好更优质的设计方案和创意智慧。

案例一：北京通州区西集镇吕家湾村街区景观及民宿改造（设计服务乡村）

2018 年夏初，应西集镇政府邀请，环境设计系李政、高华、赵冠男三位老师带领 20 多名研究生、本科生到通州西集镇吕家湾村进行勘察和调研。项目组通过村委的介绍以及驻地测量和家访，了解吕家湾村的基本情况，了解村里的诉求。

吕家湾村概况

吕家湾村地处北京市通州区西集镇东南京津交界处，大运河左堤北侧，骑行绿道穿村而过，风景宜人、民风淳朴、村庄和谐，是北京及京津冀协同发展战略的东北大门。村域面积 2000 亩，常住人口 713 人。村里有“四多”的特点，即树多、老人多、残疾人多、党员多。还有“两少”，即可利用土地少、年轻人少（大多外出打工）。村集体经济比较薄弱，低收入农户比例较高。吕家湾村耕地面积为 1229 亩，其中 782 亩支持国家平原造林，440 余亩土地由村民自主种果树、花卉等经济作物。

吕家湾村街道景观设计

吕家湾村设计团队现场调研

设计任务及目标

帮助西集镇吕家湾村进行街道景观的改造设计，提升村域文化形象；选出两家农户，进行民宿改造设计，起示范作用，以点带面，发展乡村民宿经济。发挥地域优势，拉动北京市周末经济，发展乡村旅游，提高村民生活水平。

设计原则

以文化为先，挖掘吕家湾村运河文化的资源和特质，树立乡村文化形象；发挥乡村党员模范带头作用，清理整治私搭乱建，形成全民共识，打造家园；坚持人与自然和谐共生，保持生态涵养，保持优质的生态环境。

设计说明

设计分街道景观设计和民宿设计两大部分。在街道景观设计中，根据吕家湾村独有的生态结构、民情风俗，从中汲取当地剪纸文化与运河文化的元素特征，进行材质的拼接与构成，强化自身特色。对当地南北、东西主要干道进行景观规划设计，增设不同功能分区，解决公共设施贫乏的问题。在公共环境的设计中，增设交往空间，为村民的生活提供休憩交流的共享空间，村民可以在一起休闲娱乐、叙旧、唠家常，保持和发扬乡村的生活习惯和人文气息，增进邻里间的交流与互助，保护乡村生活生态活化。

通过对吕家湾村地域文化的研究与探索，从自然生态、生活生产、工艺传承三个方面，汲取元素，作为该村的景观材料资源。有序地整理每个类别中材料的特性，找到每个类别材料之间组合的内在和谐和传达出的文化信息，基于吕家湾村传统建筑材料的构成美感，形成新的材料形式和语言。传统乡村建筑材料重构是在基于独有的构成形式下，探讨它们之间的色彩关系和肌理关系，将抽象出来的吕家湾村构成形式实体化。运用这些材料与吕家湾村特有的自然环境、人文环境相呼应，让更新后的建筑材料表现出特有的语感，折射出吕家湾村自己的文化特色。这种将抽象的文化概念转换成可视化的形式语言的方法，是本次景观设计的文化亮点。

第二部分的民宿设计，则是植根于乡土文化，因地制宜，根据村民家的人口情况、院落房屋情况以及他们的生活习性和经济水平，进行综合考虑，并且对周末经济郊游度假的群体进行分析和预设，进而进行对应性设计。设计成果符合设计任务及目标要求，落地性和可实施性较强，期待镇政府的推进。

本次设计活动也属于一次实题真做的技术练兵，是高校环境设计实践教学课程重要的一环，对于课程思政和设计教育教学都是非常生动的一课。本次设计活动及成果获2018北京高校红色“1+1”示范活动一等奖，这是对我们的极大鼓励与肯定。

吕家湾村设计团队合影

案例二：北京怀柔区西栅子村的设计扶贫工作（针对乡村现实情况，以概念规划设计为先，而后进行景观、民宿等设计）

2018 年末，在全国扶贫工作的感召下，环境设计系金岩、陈望、李政、张乐、赵冠男五位老师带领本、研学生组成设计团队，定向北京怀柔区西栅子村的设计扶贫工作。作为定点扶贫单位，北京服装学院校领导率队多次进村进行调研，寻找乡村脱贫的答案。项目组就空心村现状、产业及经营模式、乡村发展人才缺乏、乡村建设发展融资困难、村民观念与时代发展相对落后等问题进行了深入探讨，通过综合分析，梳理整合学校和乡村的各项资源，调动学校优势力量，从规划入手，规划振兴乡村的设计蓝图。

西栅子村基本情况

西栅子村位于北京市区的北部、怀柔中心城区西北部，距离城中心 38 公里，被九眼楼风景区、怀柔响水湖自然风景区、神堂峪风景区、百泉山风景区等旅游景点包围，现有村民 181 户，390 口人。全村的东、南、西三面环绕着雄伟的长城，北面是海拔 1534 米的黑坨山，整个村庄就坐落在黑坨山南坡，海拔 615 米。长城著名的箭扣、双缩脖、鹰飞就在这一带。交通方面，进村主要依赖八西线。

存在的问题

西栅子村地处高山区，远离城市中心，可耕种面积少，水资源贫乏，生活水平比较低，为区级贫困村。西栅子村由五个自然村组成，由于水资源短缺和土地贫瘠，只能发展民俗旅游业，但一直处在低端的发展状态，农户收入主要来源于外出打工、防火护林收入，人均可供支配收入少。

西栅子村考察

设计任务及目标

设计团队以西栅子村乡村文旅产业振兴为目标，保护与利用箭扣长城文化遗产，挖掘荆编非物质文化遗产等丰富的乡村旅游资源。首先进行西栅子村乡村文旅产业振兴的概念规划设计。在概念规划中，对乡村景观、民宿规划、文化保护、业态的植入以及与地域契合的各类文创、体育活动等都做了一定的分析和研究，帮助西栅子村完善景观文化遗产和乡村旅游规划，使村民意识到乡村文化景观遗产的价值，促进当地旅游经济的发展。在概念规划的成果基础上，团队深入进行西栅子村农业景观、乡村艺术装置、民宿建筑改造、厂房改造、自行车骑行道路及补给站等多类别化设计。“一张蓝图绘到底”，利用艺术高校自身的各种软性资源和优势服务于西栅子村，全心全意帮助西栅子村走上脱贫致富的正轨。

西栅子村农业景观设计

设计原则

本着以人为本、生态优先、文化导入、因地制宜的原则，遵守法律法规，遵从乡村自然景观格局，合理利用村庄各类用地，保护活化乡村文化遗产，创新发展乡村景观美学，振兴乡村文旅产业发展。

设计说明

通过多次勘察调研，对于西栅子村既有的优势资源进行评估和梳理，对地缘的不足也做了分析和总结，设计团队计划从四个方面开展西栅子村的旅游开发设计，即生活文化体验区、生态景观体验区、古村文化体验区和长城文化体验区。

长城文化体验区：设置在西栅子旧水坑村北部，黑坨山南部。盘山栈道直达山顶可以近观箭扣长城起点九眼楼和西大墙，是对具有百年历史的箭扣长城的体验。这个区域是整个旅游开发设计的核心景点。

生态景观体验区：起于前栅子村、后栅子村和对石村，因该村所处地势较高，同时位于村子深处，能够吸引游客向村子探索，借助对石村地势较高的优势，在此位置设置观赏点，可以向西南方向眺望远山、植被与村落遥相辉映的景色。向西北进入黑坨山风景区。整个区域设置骑行线路，最后到达旧水坑文化遗产体验区，形成景观环线，开启下一阶段的乡村之旅。

古村文化体验区：西栅子村具有悠久的荆编工艺历史，荆编工艺已成为中国非物质文化遗产。古村文化体验区设置在旧水坑村，该村落具有得天独厚的老建筑资源，计划将老建筑改造为荆编文化展览体验馆。在旧水坑村落同时设置古建筑历史文化展示，古建筑修复工艺展览展示，文创展示等多种方式向游客展示古建筑文化以及修复工艺。

生活文化体验区：旧水坑村南部有大量耕地和蔬菜大棚，还有废旧工厂的建筑用地，将此区域设置为“生活文化体验带”，为游客提供食宿与采摘喂养的活动，体验村落居民的生活。

产业的植入与支撑：四大体验区的划分与形成，前瞻性地为西栅子村各村域指明了未来的发展方向，根据各区域的特质特征，团队发挥学校的各种优势资源，结合当地的具体情况，将科技、艺术与历史文化遗产对接，引入“雄关长城箭扣俯瞰”——国际无人机航拍摄影节；与都市时尚接轨，将都市时尚文化与长城文化遗产并置，以时装节、设计周分会场的形式，举办“箭扣长城下的时尚秀场”；将历史文化的精神与现代体育精神进行融合，引入体育运动产业，进行“山地骑行训练基地”的建设；以西栅子村作为活动基址，以北京服装学院艺术设计学院为核心，以荆条为主材，联合北京（或全国）建筑、环境设计类专业高校举办“长城脚下的建造节”，进行建筑艺术文化教育资源的引流，为各专业高校提供一个建筑实验的练兵场；与北京服装学院艺术设计实践教学联动，在西栅子村设立教学基地，以非物质文化遗产——“荆编文化”为依托，进行产学研一体化，设计生产符合现代生活需求的家具、灯具等家居饰品，以实践教学的方式，长期对西栅子村进行设计服务和扶持；同时发展民宿经济和乡村生态康养特色餐饮，发展采摘。在这些多业态的叠合和支撑下，完成引资、引流、扩大宣传，改变乡村经济形态，转换乡民传统思维，以新的姿态解决乡村贫困问题，早日迈向小康。

在概念规划的引领下，团队继续以教学实践课程的方式进行西栅子村农业景观、乡村艺术装置、民宿建筑改造、厂房改造、自行车骑行道路及补给站等多类别化设计。其间，意大利米兰理工大学 Paola 教授以“合作乡村设计工作坊”的方式介入，以欧洲乡村景观遗产保护和活化的经验，同团队一起进行设计工作。北京农学院高程达教授也受邀为西栅子村的农业种植规划进行了有效指导。这一做法同时也启迪了北京各高校可以“多校联盟，互取所长”的方式为乡村脱贫服务。

西栅子村民宿改造设计

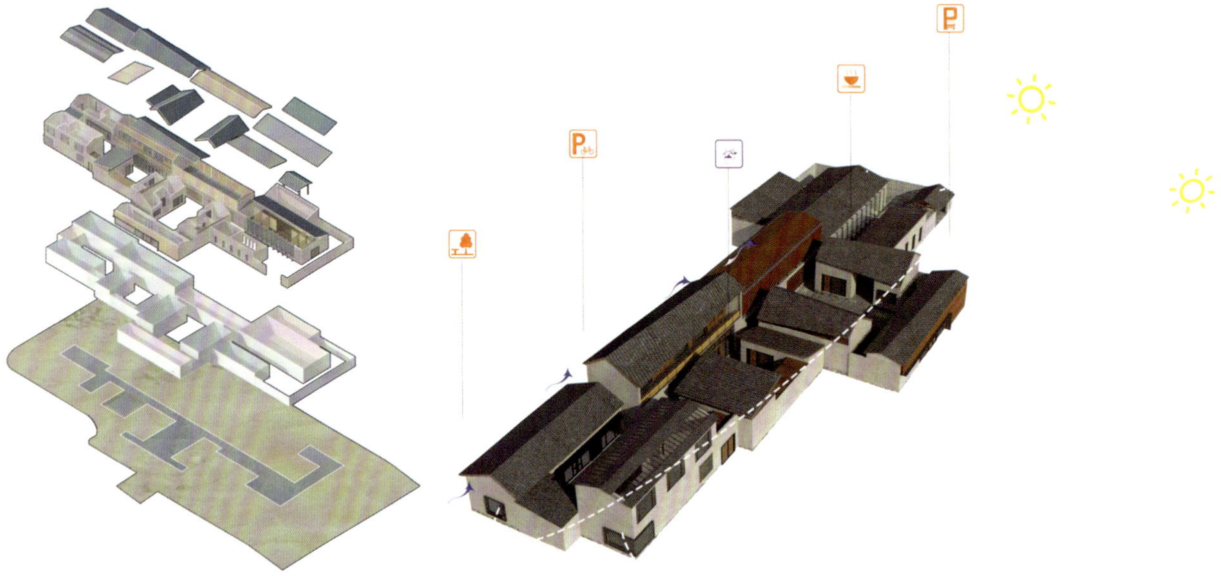

西栅子村建造节

西栅子村旅游开发设计以西栅子村为活动基址，以北京服装学院艺术设计学院为“外脑”+“参谋”核心，由学校提供一些基本设备，联合北京（或全国）建筑、环境设计类专业高校举办教育、时尚、科技活动，无经济风险。该设计项目属于北京市智力扶贫的一部分，北京服装学院为智力输出，依靠自身产学研平台，将西栅子村落开发为生活文化、生态景观、非遗文化、长城文化四大体验区，引发对乡村文化景观的关注，对少数民族文化村落、对长城文化带村落的文化遗产设计以及非物质文化遗产的关注，等等。该项目将为对接投资人提供良好的规划设计，按照规划各大体验区通过发展链带动整个乡村文化景观共融发展，形成乡村生态环境、文化景观、三产经济链融合发展的乡村旅游景观模式。

结语

新时代下的设计教育、课程教学与专业研究应当积极响应国家战略，同时对大学生进行专业教育和责任教育，引导学生关注社会、关注乡村，以过硬的设计能力服务国家与社会。当前，新型城镇化是全球一个显著趋势，是城市有机更新和城乡要素双向流动的重要发展途径。打开乡门，使城市优质资源向农村流动，唯此乡村才不会老去，乡村才能振兴。当下的中国，创新成为第一动力，绿色成为普遍形态，开放成为必由之路，共享成为根本目标，环境设计专业必将大有可为——以“新农人”的身份投入乡村振兴战略，以设计的力量为乡村振兴赋能。本文谨以北京服装学院艺术设计学院环境设计系实践教学的几个案例与大家进行分享，希望抛砖引玉，得到大家的指正和建议。

艺术民宿如何激活乡村

■ 曹洪仁（八界文旅创始人兼首席架构师，资深旅游规划师）

实际上这个话题很大，民宿之所以叫民宿是因为由农民的房子改造的，不仅具备了居住的功能，还有一定的审美、社交、艺术性以及未来带动乡村产业发展的可能性。所以民宿在中国乡村振兴和乡村旅游的发展历程上是功不可没的。

一、文旅部把民宿作为衡量乡村旅游的重要指标有很强的可行性

国家文旅部把民宿作为衡量乡村旅游发展的基本载体，可能有几个方面的原因：

1. 从2019年开始发展民宿产业和全域旅游是文旅部的两个重要抓手。

2. 民宿满足了六要素的住的功能，首先实现了旅游的过夜，在一定程度上反映了乡村旅游的发展水平。

3. 民宿作为一种物化的内容是看得见摸得着的，比较好作为指标来衡量。

4. 民宿是企业或者合作社运作的，在一定程度上反映集体经济。

5. 我国有千千万万的农村，能够走乡村旅游道路发展民宿的才有可能是被保留下来的，纯粹地作为一个村子保留下来的可能性不大，只有以产业为载体才可能，而未来又是服务业社会，乡村本身就是一种服务业。

6. 我国还有70万个自然村落，只有从国家级拿乡村旅游、乡村民宿作为一种产业示范，才能更好地引导省、市、县层面做具体的推动和创新工作。

二、艺术民宿激活乡村

在民宿的类别中，其中有一类是属于具备了艺术气息的，当然这里定义艺术气息不是说其他民宿不具备艺术气息，而是说有一定小资情调，只能意会的内容；大部分民宿改造得只要不是那么拙劣，多少还是有一点艺术气息的。

我们来欣赏一下我最近在昆明看的民宿，这个民宿带头发起者，以前是大学老师，老家是大理的，夫妻两人以众筹包吃包住的方式找澳大利亚设计师做的方案，这都是营销套路，实际上本土设计师已经做得很好，为了营销搞艺术气息搞国际化背书找个老外，现在大多数人还吃这一套。在2018 年我专门写文章论述审美走向，大家有机会可以看看《2018 中国旅游产业“这场仗”，我们打得赢么？》。当然整体上乡土味道、交互设计等做得是不错的。他们的目标是永续农业，会走向西方的神秘主义那一套，不过对于乡村发展的这阶段，这些内容足够用了。

麗日民宿

鸟瞰大墨雨全村

村里还有几个比较有意思的地方，一个是墨雨村学，一个是馥慈山房，还有就是因为麗日而做得像是咖啡馆的衍生宅院。目前整个大墨雨村已经改造了几十栋房子了，整个村子大约有三百栋房子吧，我这只是目测。

墨雨村学的宣传语是“一座村庄就是一所学校”，这样的话当然是很有吸引力的。这是明摆着的事实，因为大多数乡村学校都会消失的。办村学的是上海人，最近回上海了，没开门。

馥慈山房是一家古琴工作室和书画工作室，男的教古琴，女的教书画，平时在昆明城区工作，晚上或者周末创作，爸妈在这里帮着平时的打理和照顾孩子。他们来自达州。他们家做菜很好，都是朋友提前预约的，一般外人也不接待。

再来欣赏一下豪华版土豪性质的民宿，叫乐居民族文化园，这个是模仿了大理丽江白族的聚落风格，又加上了新中式，23 亩地投资 1.8 亿元，配套全部下来大约在 2.3 亿元，亩均投资 1000 万元，可以够改造一个村落的费用了；周边的村子也被包了，已经进入施工期，一个纯粹的豪华的脱离了村民的自以为是的整齐划一的民宿群，就这样诞生了。

三、评价一下大墨雨村的艺术民宿聚落

看了大墨雨村的艺术民宿聚落，谈谈结论。当然这个结论不是因为看了这里得出。

1. 艺术民宿可以激活乡村，使乡村重新焕发活力，这里的村民的房子都已经有一定价值了；目前大墨雨村需要一点点地而不是一下子就起来，这个村落要享受的是慢慢长出的效果，不能做“暴发户”。

2. 昆明市西山区的民宿，在一定程度上继承了大理丽江的风格，但是与大理丽江又存在着天然不同，大墨雨村所在的团结乡居民基本上都是

馥慈山房

大墨雨村的老房子

墨雨村学

从大理迁徙过来的，该地区的居民在一定程度上延续了大理民居的风格，在民宿发展继承上也是延续了大理、丽江之路，因为大理洱海投资受限之后，他们都会寻找新的寄生聚落，这是发展方向，说明昆明周边除了滇池等还是有民宿发展空间的；但是与大理又有明显不同，西山区更多是依托棋盘山森林公园，面对的又多是昆明城市人群。

3. 民宿需要引导有样板，只有集群发展才能最大限度上激活村庄，麗日的出现给大墨雨起了个头，目前麗日自己都改了好几栋，还有几个品牌民宿也已经入住，基本上未来的定调是艺术民宿聚落。

4. 民宿植入本身民宿主是寻找乡村生活，工作与田园理想相结合。但要想做得有生命力必须与村民与乡村产生互动，如果是脱离的，那么它的路子依然不会长久，大墨雨的发展要更多地看它与村民与乡村之间的互动和带动，这个是决定这个聚落生命的最重要因素。

民宿要走的路子还很长。

向社会开放的设计
——乡村·地域社会创新的路径启发

■ 陈玉露（日立中国研究开发有限公司高级设计师）

设计

“设计”是一个舶来词。根据台湾成功大学陆定邦教授的考察，认为中文的“设计”一词译自日本。而日文中的“设计”一词，与中国公众意识中的意义稍有差别。它包含了工程和系统设计、计划等含义。日语中用英文音译的“デザイン”和日语“意匠”，更接近中国公众认知中的“设计即艺术”。回顾中国当代设计受容史，服务于经济发展的需求，设计教育大致经历了四个阶段：改革开放前——“装饰工艺”、改革开放后——“工艺美术”、20 世纪 90 年代中期——“艺术设计”、2011 年之后——“设计”。2015 年，国家出台了《国务院关于大力推进大众创业万众创新若干政策措施的意见》。随着创新创业热潮，“设计”的释意和价值在公众意识中才慢慢与“纯艺术”脱钩。

在国际上，从 20 世纪中期开始，为商业而设计的分工越来越细，使设计师们痛惜于“设计”一词的贬值和不严肃性。1991 年，《慕尼黑设计宪章》指出，设计必须关注“经济和生态、交通和通信、产品和服务、科技和创新、文化和文明，社会、心理、医疗、身体、环境和政治问题以及各级各类社会组织”。伴随着从物理到虚拟世界的连接方式的改变，设计学科的界限开始慢慢消解。设计，是当代设计的核心组件（设计、科学、社会学、心理学、工程学、制造、计算、商业、经济学、艺术、人类学、伦理学等）。设计内容从产品到服务、组织的转变，范围在不断变化。由于这样的学科重叠性，有专家认为它既是“多学科”“交叉学科”，又是超学科，或者说它具有“无学科性”。在全球范围内，对“设计”的定义和边界的探索、论述还在持续中。

2015年，经“全国清理和规范庆典研讨会论坛活动工作领导小组”报请党中央、国务院批准，北京国际设计周作为首都重要的年度国际性文化活动，由文化和旅游部与北京市政府长期联合主办。

社会创新设计

设计的思辨性，让设计师们早在几十年前就开始意识到被商业所约束的局限性。开始呼吁转向更贴近人类需求的、更加有社会责任感的设计。意大利社会创新和可持续设计专家埃佐·曼奇尼（Ezio Manzini）在《社会创新设计导论》中对设计补充描述说：“在面向网络化可持续社会的转型过程中，所有设计都是（或者说应该是）一种设计研究活动，都应该推动社会技术实验。”他同时把“社会创新设计”定义为：“是专业设计为了激活、维持和引导社会朝着可持续发展方向迈进所能实施的一切活动。”也就是说，它与人们构建社会形态的方式相关；并且带来社会创新的价值，即新社会形态和新经济模式的解决方案；另外，它探讨面向可持续的各种社会变革。社会创新的概念能够支撑以社会目的为驱动的创新，而非以自由市场、科技或技术需求为驱动的创新。

协作式组织与民众参与设计

曼奇尼认为，社会创新设计的必要条件就是所有利益相关方的积极合作。它的主要任务是让新的存在和行为方式，即协作式组织，变得可行而且适合。在过去几十年的设计实践中，设计师们与社会学家、人类学家、哲学家、建筑师、工程师有很好的跨学科的合作；同时，不同的利益共享者、社会组织、民众参与到设计中也有许多测试和讨论。这个过程即也实现了“以人为中心”的设计原则。

在民众参与型的社会创新设计过程中，让民众成为协同设计师。参与的模式根据情况会有不同路径，这里简单介绍一种：首先由设计师和社会学家、人类学家们，共同辨别创新对象的初始条件，如所需的创造模式、技术和概念选择的行动可行性、嵌入的价值观和目的、预期的效果及可能的意外结果。之后，与民众合作，决定民众的参与方式，同时考虑他们的参与阶段、公平参与方法，充分的个人与集体表达机会以及最后达成共识等。在这个模式里，首先人类学家和社会思想家及学者就讨论的议题提供概念性框架、社会知识背景和社会团体的互动经验；其次，设计师、建筑师、工匠和工程师们提供概念性推进的框架以及物料的特点和模式、性能、功能使用方式等相关技术知识；民众提供具体的技能、本土知识、需求和体验说明以及他们自己的技术条件模式和目标。

向社会开放设计原型

设计专家为了与社会对话，验证、反馈设计，会设计特定的工具让无形的议题能够看得见、摸得着。例如设计特定主题的研讨会、工作坊、直接的行为干预、未来理想像的传播道具、促进对话的备选方案卡片或工具包、原型案例、实验场，甚至是真实尺度的试点项目等。曼奇尼总结这些工具为三类：对话主题类、对话促进类、体验浸入类。向社会开放设计原型，是塑造社会环境民主性、包容性、可持续性的必要路径。也是激发自下而上的活力，教育、逐步卷入利益相关方参与到新社会形态的生态中的早期窗口。

乡村·地域社会创新设计的实践

社区支持农业（CSA），是一种直接对接农民和市民的食品生产和销售系统。据说起源于 20 世纪 70 年代的日本或欧洲。“哺育米兰，改变能量”（Feeding Milan：Energy for Change）是一个行动研究项目，其目的是使得米兰市民和城市郊区的农业公园发生联动。扶持多功能农场的发展，推广新型本地旅游业。设计过程的第一步确定了可利用的资源；在此基础上，进一步确定了一致认可的社会理想将来像：欣欣向荣的乡村发展了农业，哺育着城市，为市民提供各种种植机会、亲近自然的活动；最后，启动了一系列开放的项目以将理想的将来像进行具体实施。

“设计丰收”仙桥可持续社区项目位于上海崇明岛，始于 2007 年。崇明岛以农田为主，紧邻上海市区。创始人期望通过与合作伙伴，县政府、村委、商业伙伴及国际学校，用“针灸式设计”的方式促进城乡之间的交流与互动，可持续地提高村民的生活质量。

日本日立制作所，致力于成为全球社会创新的合作伙伴。日立在东京的郊区——国分寺，建立了“协创之森”空间。以汇聚更多的社会课题解决型的专家、市民、社会团体、媒体等，共聚一堂进行社会对话。在日立社会创新中心的愿景设计系列活动中，设计师、研究员、工程师们跨学科思考、践行并设计具体的超智慧社会“Society 5.0”的事例。日立认为，各种技术，离开了地域社会是无法解决任何问题的。所以，倾注设计研究力量，从人们具体生活的地域社会开始设计，并开放地与周围居民进行社会对话，创造未来情境。近年，日立创建了“未来生活实验室”，尝试着许多市民参与型的社会创新设计实践。“我的蔬菜”活动，是为了让生活在国

“设计丰收”仙桥可持续社区项目

日立“我的蔬菜”活动

分寺附近的人们生活得更快乐，重新建立农业（农家）、人（农民、商人、买家、食客）和街道（贩卖店、饮食店）的关联。为地方的农产品地产地销，探索在地化的、可持续的社会创新解决方案。

为社会而设计

这些案例可能已经耳熟能详。我们从中要看到的是，每一个项目都需要多种设计技能组合：

①与人们共享美好未来的情境设计；

②把美好未来的情境转化成行动、具体项目的战略设计；

③打造服务模式的用例——产品 / 服务 / 系统设计（PSS）；

④把服务转化成可持续运营的商业设计；

⑤与社会对话的传达设计，等等。

设计师需要重新认清职业的严肃性。做好设计的推进、开放，同时呼吁更多的跨学科合作、更多利益相关者介入协作，为社会可持续发展而设计。

以上是本人设计经验的总结、专家观点引用和网络案例整理。希望这些概念的铺垫和举例，能从设计角度，对人们实践“以人为本”社会创新的技术路径有所启发。

共勉——为社会而设计。

2015年北京密云蔡家洼彩帽园丁大地艺术

艺术乡村·东篱文旅

——吉里新民宿生活美学主题沙龙

(录音整理)

时间：2019.10.10

参加人员：

刘军萍（北京市农村经济研究中心党组成员、副主任，
北京观光休闲农业行业协会会长）

陈奕捷（北京市农村经济研究中心资源区划处处长、
北京观光休闲农业行业协会副会长兼秘书长）

徐人杰（一方智业创作总监、
北京观光休闲农业行业协会规划设计工作委员会主任）

宋词（东篱山舍民宿主人、东篱民宿分享会发起人、
北京观光休闲农业行业协会民宿专业委员会副主任）

宁柯［吉里（北京）国际艺术区总经理］

李大钧（势象空间创始人、著名艺术推广人）

王宏（大同市新荣区花园屯乡乡长）

郑淑洁（北京合唱协会秘书长）

代兴然（国箫馆馆长，箫笛艺术家）

龙啸云（箫笛艺术家）

谭玉芳（大隐于世新媒体总监）

滕婧（明明山居民宿主人）

张名娟（长城故事民宿主人）

梁晴（老友季民宿主人）

马斌（四海小筑民宿主人）

林丹（乡志民宿主人）

丛琳（丛林岛屿 Jungle Island 美学空间主人）

李冬玲（莲石山房民宿主人）

郭郡（朋友的院子）

郭燕（民宿摄影师）

沙龙场景

刘军萍主任

刘军萍：今天，我们举办“艺术乡村·东篱文旅——吉里新民宿生活美学主题沙龙”，是基于北京市农村经济研究中心和北京观光休闲农业行业协会关于艺术乡村建设深入所探索的一个课题。在艺术乡村建设的过程中，广大的民宿经营者们给我们乡村的民宿带来了很多艺术气息。你们把个人的情怀和审美附着在建筑、绿化、配饰等有形的事物上，给乡村带来很大的变化。未来怎样提升乡村旅游的发展品质，让北京市民到郊区能玩得有文化，获得更多身心的感受，我们民宿将起着很重要的作用。今天来的民宿主们大都是城里人，有城市人的文化素养，有城市的资源，怎样把城市人文和乡村要素融合在一起，这就是我们开设新民宿生活美学沙龙的目的。打造一个新民宿交流的平台，只有达到了城乡融合，我们的乡村振兴才有希望，我们的民宿也会在乡村振兴的过程中得到自己的回报和收获。

徐人杰：在宋词的召集下，我们这期来了很多美女民宿主，欢迎她们的到来。我也邀请了几位艺术行家：原北京十一学校金帆合唱团总指挥、现任北京合唱协会秘书长郑淑洁老师，势象空间创始人、著名艺术推广人李大钧先生，还有北京国箫馆的艺术家代兴然老师和龙啸云先生，一会儿我们可以欣赏他们的精彩表演；这位兄长是吉里艺术区的宁柯总经理，我们就先请“地主”开个头吧。

宁柯：我们吉里国际艺术区作为北京国际设计周分会场，与徐总合作已经 4 年了。就我个人来说，民宿我不在行，但周末到民宿去消费还是可行的。我有两个资源：一是信息推介上有物理空间资源，吉里国际艺术区是“艺术乡村”永不落幕的展示舞台。二是民宿项目如果能做成产业链，我可以推荐一些投资公司，可以投资相关的农业和文化产业，如艺术农业、文旅乡村，还有精品民宿、乡村酒店等，只要有完备的投资项目和还款计划，就可以申请资金。

宁柯（吉里艺术区总经理）

李大钧：势象空间是一个集书画艺术品交易、展览、收藏和学术研究于一体的艺术中心。我从 2003 年进入艺术品行业，一直致力于中国 20 世纪最优秀艺术家作品的推广，包括吴冠中在内的重要的艺术家有 20 多位。势象空间收藏了他们许多的艺术品。

李大钧（势象空间创始人）

刘军萍：这些艺术品能否走出画廊，能否走进民宿，提升民宿经营场所的品位。

李大钧：艺术品原件往往只有一件，画廊收藏的艺术品一般价值都很高，如果大家喜欢，可以做成复制品来点缀咱们民宿的墙壁。当年我和吴冠中先生合作，做了很多他的版画复制品，就是让高雅艺术走进千家万户。艺术品原作和复制品在价格上有差异，但在欣赏层面上是一样的。其实在酒店、民宿中挂艺术品原作也不现实，一是太珍贵了，二是牵涉到安保等问题，但挂一些不同形式、不同风格的衍生品还是可行的。高雅艺术的复制品比那些粗劣的原作要好得多，它起到了一定的美育作用。

20 世纪 70 年代艺术品便宜的时候，周恩来总理就提议让北京的高档饭店挂画，还组织名家的笔会，像吴冠中、李可染等都留下了很多有品位的作品。后来艺术品价值提升了后，全国很多宾馆都发生了艺术品原作被人调包的事，有的还发生过内盗事件。后来全国饭店形成一个不成文的规定，在宾馆客房里不能挂原作，这叫“诱惑犯罪”。如果是一般的装饰画丢就丢了，艺术品价值很高，如果丢了，宾馆的内部管理者当然负有责任。这是与艺术与文旅行业发生关联的故事。

刘军萍：李总不光经营艺术品，还对当代著名艺术家做推广，能否为民宿主或特定乡村的区域组织艺术家进行采风创作或进行一些改造，扩大乡村和民宿的影响，这也是一种传播。

李大钧：艺术家的采风创作，其实就是艺术家把他的智慧、审美贡献出来了，这对乡村的品质是一种提升，也会促进乡村的人文美育。

刘军萍：意大利农场飞利谷艺术空间的吴冠中版画展上有一句话给我印象特别深，“今天中国的文盲不多了，但是美盲却很多”。我希望我们民宿能促进的美育进入乡村。

徐人杰：下面我们请国箫馆馆长代兴然老师为我们的艺术主题助兴一段。萧的吹奏有如民宿生活美学的经营，都有些超然享受的状态，算是异曲同工。

代兴然（国萧馆馆长）

代兴然：吹奏南箫大脑是不思考的，是纯自然的反应，声音牵动着我，也牵动着你，形成一种忘我的状态。

（箫声与与会者的互动，不同凡响）

宋词/Sandy（东篱山舍民宿主人/东篱民宿分享会发起人）

宋词：上一次我和大隐于世的民宿主交流，他们有一个经理是上海音乐学院毕业的，晚上他陪着客人在花园里互动的时候就给大家唱歌，唱得特别好，现在还余音绕梁。我感觉没有点才艺还真不敢做民宿。原来有个美美的环境、美美的设计就可以做民宿了，再写点软文就能红火。这两年大家都开始练“内功”了，更艺术化的品质填充着民宿的内容，来吸引和服务客人。所以艺术连接城乡，将美育带入乡村非常有必要提上日程。下面我们请几位有经验的民宿主来与大家分享和交流心得。

首先请被誉为“最美民宿女主人”的林丹谈谈如何带领“90后”在农村从事民宿经营。这么年轻漂亮的老板娘怎么能在村里待下来，是有特别好的工作条件和薪资待遇吗？

林丹（乡志精品民宿合伙人）

林丹（乡志精品民宿合伙人）：打造年轻的民宿管理团队是我们从事民宿的初衷。我原来从事旅游规划设计行业，2016年开始民宿经营。北方民宿最大的特点是季节性比较强，冬天基本没什么人。我们选址首先考虑到地理位置——紧邻北京最大、最早的南山滑雪场，每年人流量有30多万，解决了冬季民宿运营很大的一个问题——客源量。我们与当地老百姓签的租赁合同，把他们原有的房屋推倒按我们的意愿方式重建。2017年9月我们的“乡志”开业，刚开始我们也在等客人光顾，就是没人来。后来“乡志”在携程上线，又随着南山滑雪场开业，好日子终于来了，第一个冬天

乡志

故乡的山、故乡的水、故乡的人、故乡的故事，在梦中时隐时现，却在现实中渐行渐远。我们把客栈扎根乡村，尊重自然，让更多人住乡志、悟人生、寻家路，尽情地诠释着东方的智慧与乡村的情怀。

入住率达 85% 以上，甚至满房。由于离南山滑雪场近，除了南山滑雪场本身的自有的木屋外，附近没有什么可住宿的地方。最初我们按正常价格卖，后来发现平日价按节假日价也卖得出去，后来就都按节假日价卖了。第二年，我们还尝试了加盟店、托管店，最多时有 13 家店，今年陆续到期，我计划就不再续签了。因为这些加盟店与我们的目标客户不对等，一些私人托管店与我们的经营理念、服务品质不匹配，存在很多难以克服的问题。

民宿就是一种生活方式。我们民宿要打造一种文化——女主人文化（这里更正一下，乡志的“老板娘”不是指老板的媳妇儿，尽管她的职务名称叫“老板娘”）。她是民宿的灵魂。“乡志”就定位在“年轻漂亮老板娘”，不光要突出“老板娘”的漂亮，还包含着年轻人对生活有积极向上的心态，热爱生活、懂得生活，充满正能量的生活方式。“老板娘”不用一周七天待在店里，大部分工作转向营销和推广，因为她们的传播力很强。我认为任何产业都需要有年轻人加入，这样才能有创新性，文化才能更好地传承，使这个产业能够延续下去。现在我们聘请外来的年轻人，把一些新观念带给村里人，当地的村民会学到怎样利用现有资源去赚钱，这样还会影响到当地的年轻人，吸引他们返乡就业创业。

民宿是什么风格就会吸引什么风格的客人。旅游本身就是玩，来这儿度假就是要把这 24 小时、48 小时“浪费”掉，我们要做的事情就是要把客人的时间安排得满满的。这也是考验营销人员的事情——如何帮你把兜里的钱花完。现在我们集中精力只做 3 家店，统一规划设计，统一运营管理，进行的是全产业链架构，类似服务商的管理，并在运营过程中不断去发现新产品、新项目。

宋词：谢谢林丹。现在请大隐于世新媒体总监谭玉芳与我们分享。大隐于世在设计上有各种各样的打卡点，配上有故事的文字，起到了特别好的宣传推广效果。

谭玉芳（大隐于世）

谭玉芳（大隐于世）：我简单分享一下我们大隐于世品牌的成长历程。大隐于世是由一对“80 后”夫妻张海超和刘佳创办的，从自家第一个闲置农宅的改造，到自建自营的第一个冬奥小镇项目，到政府支持的北方第一个“合宿”民宿集群，再到“净隐南山”田园综合体项目和“富春山居”智能民宿项目。他们在民宿领域一步一个脚印，踏踏实实做事，如今，大隐于世旗下 4 大民宿项目，60 多个精品民宿悄然诞生。

秘境小院是大隐于世梦想开始的地方，是大隐于世改造的第一个民宿。2016 年，张海超和刘佳利用自家宅基地进行建设，开启了民宿事业。秘境小院里的一砖一瓦，一草一木都是女主人刘佳的精心设计。大隐于世的老板娘刘佳本身是个很爱美且善于发现美的人，她将自己在国外旅游时发现的优秀设计很好地融入民宿建筑中。在建设过程中，她把照片发到朋友圈中，便吸引了朋友们的注意力，很多人慕名而来，在秘境小院休闲度假。基于良好的口碑传播，客人越来越多，单单一个“秘境小院”不足以满足人们日益增长的度假需求。于是，他们打算走访京郊的特色乡镇，寻求更多民宿机会。

2017 年，张海超和刘佳来到张山营镇后黑龙庙村，陆续接管了 19 个民宿，开启了“冬奥小镇”集群的建设。可能出于人性的本能，刚开始村民们对民宿这种模式不太信任，后来大隐于世以合作社的名义与村民们签协议，成就了现在的冬奥小镇 1 号院和 5 号院。这两个民宿慢慢踏上了经营正轨，给村子带来了一些变化，带动了当地村民的就业。村民们看到这些变化后纷纷表示配合，甚至主动寻求合作，于是，大隐于世 · 冬奥小镇有了 19 个民宿院子，专门邀请了 5 个国内外知名设计师对民宿进行改造。大隐于世创始人张海超和刘佳把冬奥小镇作为集群去发展，在小镇中规划了露天咖啡厅、瑜伽室、公共餐厅、有机农场、果蔬采摘等等。在冬奥小镇，你

大隐于世

山林也好，市井也罢，总归还是太小了，隐于「世界」才是我们的终极目标。「大隐于世」，你的另一种生活方式。

可以全方位体验不一样的生活。

目前，大隐于世民宿已经成为京郊知名民宿品牌，私汤、泳池、别墅每一个都是吸睛亮点，是京郊度假的好去处，特别适合亲朋聚会，亲子度假、同学聚会，公司团建等。旗下“鲁西西的院子”抖音超 2000 万人围观，超 80 万人点赞，还成为大火的综艺节目《女儿们的恋爱》拍摄地，杜海涛、沈梦辰这对恋人和朋友们在这里聚会；陈乔恩也在冬奥小镇 1 号院进行了《女儿们的恋爱》第二季的拍摄。通过新媒体和传统媒体的组合推广，大大提高了大隐于世品牌的知名度和民宿的到访率。

哪怕门外“熙熙攘攘，皆为利往”，门内依然是“闲情寄趣，自在一方”。希望大隐于世民宿能够成为“归者安逸，去者流连忘返”的度假胜地。

沙龙场景

宋词：大隐于世已经走在很多民宿的前面了，他们展示的图片特别美，婚礼、生日聚会，通过一个细节就把客人抓住了。下面请莲石山房李冬玲与我们分享。莲石山房与很多民宿不同，不计成本地用了很多老家俱、老物件，突显了它的特色。

李冬玲（莲石山房）

李冬玲（莲石山房）：我原来是和我先生一起做庭院设计的，我们平时喜欢收集并收藏一些民间老的石器、木器。然后用我们所欣赏的角度，再重新设计加以改造，并再次融入到现代人的生活当中。我们希望这些原本已经废弃的旧物能再次赋予新的生命。因为一直在替别人营造美好空间美好生生活，所以我们也一直期盼能有个属于自己的空间，把这些老物件儿用我们所喜爱的方式表达、展现出来，传递给更多的人。于是，找有一个带院落的空间便是我们所向往的。

2016 年，我们因为来怀柔探望好友无意间发现了莲花池这个有山有水的村子，而且进山一路的周边环境治理得非常好，交通也在理想的时间范围内（离城区 2 小时左右车程）。于是，就谈下了一户我们所中意的院子，与当地村民签了一张 20 年的长租房协议，将老房子的 90% 都进行了翻盖，并把我们多年的收藏的一部分搬运到怀柔，选一些适合打造这个空间的素材，历时一年的建设莲石山房就按照我们所喜欢的样子建立起来了。现在人们看到的莲石山房，是以石头为基调，眼见所到之处皆是石头。这里的每一块石头都是具有历史意义的，比如清代的石槛、明代的石狮、元代的石槽在这个院子里都能看到。我们用一种再呈现的方式让这些原本离我们生活很遥远的器具再次回归，并与人们近距离接触，让大家可以感受到一个石之无言却有大美的空间。

因为我们是南方人，骨子里一直带有钟情于山水的情节。而北方的院

莲石山房

莲石山房是一家以石头为缘起的山房，取名为莲石，寓意清雅、幽静，配上石头雕刻的恒久，也有亘古更今的传承。山房的居住概念是通过空间的开放与收合，室内的尺度与庭院水池的舒展，让人的精神得以自由，从而有归属感的居住体验。

子多数比较庄严和剽悍，于是，我们一直在想怎样能用自己擅长的技能打庭院造方式，将南方庭院的秀美融入进来，让古朴的中式庭院更有韵味。所以，首先想到的就是院落中央要有一个大大的水景观池，这样再与石器和丰茂的植物相结合，更加浑然天成。莲石山房开业虽不到两年，但是复订率很高，节假日线下订房占比达到 40%，很多都是老客户甚至是老客户介绍来的。特别让我值得欣慰的是，但凡住过莲石山房的客人或是来参观过的人都会主动帮我散播或是推荐给身边有同样喜好这种风格的人来。我们的照片拍出来可能没有那么吸引人，因为所有老物件的灵魂没有办法通过一张照片传达和展现，而是需要人们融入环境去近距离感受的。个人感觉民宿需要从建设到引流，都要有自己的主题更要符合主人文化，而且民宿里一定要有主人的出现。因为有主人的院子才更有灵魂，而且给人的感觉也是不一样的，如果有主人能够与客人再作更进一步的交流和互动，那么对于民宿来维护后续的客源发展是很有利的。

宋词：京郊的民宿虽然发展很快，有一些产品依然在季节性瓶颈上很难受。从今年的“十一”就能看出来，以前“十一”前很早的时候入住率已达 100%，就是再加几倍的价钱，院子都能订出去，可今年“十一”前刚刚订满，10 月 3 日、4 日已有部分民宿有空房了，出现了大家“吃不饱”的现象。这种情况下，很多人在思考下一步民宿该怎么做。民宿的定位很重要。下面请郭郡给大家分享一下。

郭郡（朋友的院子）

郭郡（朋友的院子）：我是一个二胎妈妈，有一个 4 岁的儿子和一个 2 岁的女儿，我之前是做传媒工作，我先生是搞室内设计的。我俩小时候都是在农村长大的，一直怀念小时候的生活。我们崇尚自由，不愿像其他“80 后”那样天天接送孩子上各种补习班，就把家也搬到了顺义。和大家不同的是，我们的家就在顺义民宿里，并且我们没有雇用管家，民宿所有的事情全部是由我们俩来完成的。我们会询问客人想吃什么，爱吃什么，我们会按客人的要求做出他爱吃的菜肴。今年“十一”我们实现了满房，完全超出了预期。我们提供最尽心、贴心的服务，甚至给客人提前准备了凉白开水。我们民宿不大，只有三间客房，但能给客人打造家一般的温暖。我们希望首先让自己的生活过好，把自己的院子打理好，才能把我们的民宿经营更好。

朋友的院子

很多人都曾梦想着能逃离都市，到乡野间过诗酒田园、晨露暮歌的生活。但极少数能真的放得下、做得到。这对夫妻带着一双儿女，把生活放进民宿，把民宿揉进生活，当客人来临，就如同老朋友拜访，来共同体验一段幸福的一家人的有温度的生活。

宋词：郭郡希望自己的孩子能亲近自然，在农村的大院子里自由自在地成长。客人来到她家的院子，和他们一家四口人同吃同住，享受到一家其乐融融的氛围，这是一个难得的体验，也是目前民宿经营中面对市场竞争能自娱其乐、比较有生命力的一种方式。

下面我们请老友季的创始人梁晴来作一下分享。

梁晴（老友季）：京郊民宿都各有各的生存方式，各有艰辛，也各有快乐。与乡志和大隐于世不同的是，老友季是一个单独运营的民宿。我和郭郡一样，我也是生活在村子里。我做老友季已经两年了，其间我很享受在那里的生活。我的院子充分体现了我个人的人生阅历和喜好。我比较怀旧，很庆幸能遇上了这两套上百年的石头房子，我保留了它很多的有历史感的元素，像它的三花墙、虎皮墙，还有上百年的大柁，都让我特别有归属感。我喜欢读书，就在院子里做了很多书架，摆满了书，两三千册的图书也可供客人观览。我还热爱花草，就在院子里种了上百种植物，给人带来生机勃勃的感受。反观我们当初回到农村想干什么？首先，我们想看到一个大院子，院子里有树，窗前有花，花间有蝴蝶。然后我还喜欢吃，我们的大姐就变着花样地琢磨怎么做好吃。我虽然没有才情，但我喜欢音乐。周末请来了我原来咖啡馆里的主唱，给客人增加度假的体验感。我觉得我的院子就是我的家，我习惯地觉得梁晴就是老友季，老友季就是梁晴。我不像其他民宿那样有能力、有意愿去把老友季做成连锁民宿，我更喜欢过一种从容的生活，我享受这样慢节奏的生活，因此，我对它的方方面面都比较关注，而客人往往都是从细节上去体会民宿主人的喜好和气质。我热爱生活的本真，我会带着客人到菜地里去摘菜，我会和客人一起跟村里的大姐学做烙饼，过最本真、最田园式的生活。

梁晴（老友季）

老友季

希望老友季的样子，是你理想中「家」的样子。希望你在老友季的样子，是你最闲适的样子。与君初相识，似是故人归。百年老屋，只为遇见你。

我也不是关起门来过自己的小日子，我虽然没有很大的影响力，但通过民宿把客人与我们的生活关联到一起。我的客人走了之后，还会不断地从我这儿订柴鸡蛋，因为我这儿的鸡蛋是他所吃过的最香的鸡蛋，他们还会订我这儿的蔬菜，因为他觉得我的菜是他吃过的最好吃的菜。通过乡村产品，客人就和我所在的村子建立了关联。老友季的复订率特别高，最喜欢这种生活的是老人。有一个老阿姨，中秋、国庆没订上我的院子，订在别的地方，她还特意大老远跑来看我，见面就给了我一个大大的拥抱，就是农村那种窜串亲戚亲戚的感觉。老友季真正把城市人和农村人关联到一起了。反观老友季，我不再把它单纯地当作旅游产品了，它更像一种生活的延续。不是要弱化旅游的概念，而是要把老友季当作一个城里人休息的场所。

我的背后有金叵罗村给我“撑腰”，金叵罗村通过重新规划，提升了原有的儿童乐园，修整了200亩菜地、600亩的樱桃园，连村里盛产的小米，都能吸引客人参与进来，老友季能成为客人与金叵罗村建立关联的密不可分的一部分。所以老友季尽管没有山水、没有景点能吸引客人，但能让客人经常想起、经常挂念，是我最终的目的。

宋词：老友季的院子让人印象最为深刻的就是满院花草，北京一入春时其他院子还都很萧条的时候，老友季已是春意盎然了。她甚至租了个大棚，白天从大棚里把花草拿出来，晚上又怕花草冻了再放回去，就是无法忍受院子里光秃秃的。另外就是她以前做过咖啡厅，她提供的小吃、饮品都特别精致诱人。我的东篱山舍今年第三年刚刚收回成本，由于太忙，我那里不设主人，美其名曰“自助式民宿”——我的民宿管家把院子打扫干净，把密码锁交接给订房客人，客人就可以在里面自由居住，退房时把锁挂上就可以了。周末退房周一管家进院打扫，中间不打照面，客人在此如入无人之境，甚至有的客人多住了一天我们也不知道。现在我的孩子面临中考，越来越没有精力往乡村跑，现在第一批下乡的人中越来越多的人正在回城的路上，我可能就是其中的代表。我一直在想，等我退休了，不用管孩子不用管家，就会回到乡村重新自得其乐地做个民宿主。我很羡慕各位扎根农村，通过个人魅力展示民宿生活之美。

今天我们还邀请了山西省大同市花园屯乡的王宏乡长，他们当地有一些资源希望与大家进行交流与合作。

千年花乡
Millennium Garden

王宏（大同市新荣区花园屯乡乡长）

王宏：很高兴今天下午能参加这个沙龙。大同是山西省第二大城市，原先的“煤都”转型向文旅方向发展。作为全国 24 个历史文化名城之一，大同作为北魏都城长达 98 年。我们花园屯乡号称“锦绣花园”，其名字来源于北魏皇家的后花园。“锦绣未央”冯太后的皇陵也在花园屯乡。徐人杰老师在我们花园屯乡做了艺术乡村的文旅产业发展规划，我们最大的资源就是北魏元素，另外“两山一河”——方山、采凉山、万泉河，以及红石崖景区、明长城、汉长城也极具特色。现在“五一”、“十一”及周末，大同的宾馆都爆满，一房难求。今年大秦高铁（大同—秦皇岛）开通，北京到大同只要 80 分钟，所以估计旅游人数还会上升。民宿在大同还刚刚起步，而大同最适合搞乡村民宿的地方就是我们的花园屯乡，因为花园屯乡在大同有得天独厚的近郊区位优势，仅半小时的车程，而且康养条件非常好。如果说大同是北京的后花园，我们花园屯乡就是大同的后花园。欢迎大家到大同花园屯乡考察并发展民宿。

宋词：其高铁开通后到大同真的不远，一个多小时，与我们去趟怀柔、延庆也差不多时间，所以各位民宿主们一会儿可以考虑与王乡长联系。下面我们请徐人杰老师从艺术的角度谈谈民宿生活美学。

徐人杰：参加今天的沙龙，我对民宿与艺术的关系作了一些粗浅的梳理，分享两点吧：

沙龙场景

第一，艺术改变气质。这是对艺术所谓的“功能”与“价值”的一种认知。798 艺术区、吉里艺术区都是以前的工厂，注入艺术元素和艺术理念后，以前厂房、厂区同样的物件面貌改变了，具有现代美学的艺术气质，成了引领全国的时尚文旅园区，成了中国现代艺术观念的体验启蒙基地。我想乡村也一定能通过艺术方式改变气质，刚才大家也分享了许多这方面的经验，其中或多或少都有通过艺术方式、艺术情怀使民宿呈现出与前不一样的品格风貌。艺术方式确实有利于强化特色、美化形式，并赋予情感，创造无用之用，将闲置的资源赋予人文的价值。因此，乡村的发展变化，除了用科技、用资本的手段，不能缺少艺术的手段。

第二，民宿的本质就是享受生活之美。乡村民居空间缺乏现代生活的合理格局与舒适便捷，都市民居空间缺乏大自然的鲜活气息与悠闲自在。民宿这种业态将舒适、便利和优美、自然融合为一体，实现了理想的生活情境，圆了民宿主、客美好生活之梦。因此，民宿的消费定位应该是高端、轻奢的，近似艺术消费，应属于超越温饱的精神文化产品。谢谢大家！

我今天把郑淑洁老师请来也是想为各位民宿主助力的，因为郑老师不仅有童声合唱的资源，也有老年合唱的资源。我请她讲讲她今天的感受和她代表的中老年人的需求。

郑淑洁（左一）
徐人杰（右一）

郑淑洁：我一直是从事教育工作 30 多年，以前与孩子们在一起时一直是充满童心的快乐的感觉。退休以后在北京合唱协会，周边都是中老年人，而且这个群体越来越庞大，才发现中国真的开始变成老龄化社会。原来我不太了解现在的民宿，听了各位民宿主的介绍后觉得现在年轻人真是了不起。我可以想象周末在舒适、优美的民宿环境中一家人其乐融融的氛围。我周边那些老年人退休后才能真正享受生活，他们要求每年带他们出去演出一次，无论是部队的、社区的还是企业的退休人员，唱起歌来让人完全忘记了他们年龄，精神和热情像孩子一样，都有强烈的愿望要求提升他们的文化素质。以前我们也去农家乐，但一考察住宿就打了退堂鼓，现在没想到民宿发展得这么好。我非常愿意把这些民宿介绍给他们，他们一定会感兴趣的，毕竟退休后才能真正享受生活之美。

刘军萍：您可以带着您的合唱队到民宿中去唱歌。因为我们的民宿不仅仅是一个院子，而是一个村，不光能解决吃住问题，而且有很多玩的内容。

宋词：我们现在很多民宿都能达到四五星级酒店的品质了。以前我们还讨论过音乐主题的民宿，针对社群精准打造，既有亮点又具传播性。

今天我们请来了北京观光休闲农业行业协会秘书长陈奕捷，请他来谈谈对民宿的建议。

陈奕捷

陈奕捷：我本人是学旅游的。刚才听郑老师介绍老年人的合唱，我想起了一个电影《音乐之声》，反映的是奥地利萨尔茨堡的乡村田园生活。其实乡村和音乐有着紧密关系，所以我觉得每个民宿可以有代表它风格的音乐，也许是古典音乐，也许是乡村音乐。这也是艺术乡村的一部分，这是我们下一步要做的工作。民宿是连接城市和乡村的通道，将城市的资本引入乡村，将城市的管理和生活美学的观念带入乡村，将城市消费人群吸引到乡村。我还在读书的时候，我的老师就说现在旅游已经从观光阶段升级为休闲度假阶段，教科书上简单的一句话怎样落实到实际中去？我理解观光阶段旅游的重点是吃和看，休闲度假阶段旅游的重点是住，民宿恰恰是弥补了住宿方面的短板。正如隐居乡里创始人陈长春说的，民宿就是要解决五个问题：夏天热不热、冬天冷不冷、有没有蚊子、厕所好不好用、饭菜好不好。农家乐发展那么多年，这五个基本问题就是没有解决好，这就需要城市人利用民宿帮助乡村解决好这五个问题，消费者才会不断光顾乡村。旅游的最高境界就是《红楼梦》里贾宝玉第一次见林黛玉时说的，这个妹妹以前好像在哪里见过，就是似曾相识，既熟悉又陌生，这才是一种最好的旅游体验。在乡村里还能喝到咖啡，这是城里人熟悉的生活方式，但周围环境却是完全陌生的，像梦里的那种感觉，这就让人非常舒服。旅游就是造梦。去西安旅游叫“梦回大唐”，去爬长城叫“金戈铁马梦回大明”。

我们民宿主的事业是一个崇高而美好的事业，帮助人们圆自己的田园梦。这就是我们民宿主人文的作用。谢谢大家。

宋词：所以民宿也可称为“中产阶级的文艺复兴”。做民宿很辛苦，最开始我们的民宿分享会多数是民宿主们在互相诉苦，寻找互相支持的力量，现在越来越多的领导开始关注我们，并给予我们一定的扶持。今天农研中心刘军萍主任来到我们民宿沙龙。刘主任听得很认真，一直在记录，相信有很多话要和大家说。

刘军萍：这是我第三次参加东篱文旅民宿主题沙龙了。农研中心一直与徐总合作开展“艺术乡村”的课题研究，这个合作改变了我们一直以来把课题写成文字报告的形式，而是变成了有声音、有图像、有案例、有活动、有产业的课题。从 2019 年 4 月份在顺义兴农天力的“大地艺术节”，又与北京电视台合作拍摄了《北京民宿调查》四集电视片，在座的民宿主可能接受过北京电视台的采访，8 月份已经在北京电视台新闻频道《美丽乡村》栏目播放。“艺术乡村”主题与这个城乡融合的时代紧密关联，我们正处在这个跨界发展的时代。过去农家乐是农民自己来干，经营主体是单一的，这种 1.0 版本的民俗旅游逐渐被淘汰。一个村里只要有了新民宿，老民宿就不在了，一天一百四五十元的接待标准都没人去，大家更愿意住到人均

2019年北京观光休闲农业行业协会成立民宿专业委员会

消费六七百的民宿里去。市场很大，现在人们都不差钱，就是乡村没能给他们提供合适的产品。正是有了新的经营主体和城市资本的介入，运用了城市经营的理念和文化，才改善了乡村旅游的品质，改变了乡村的气质。

我们农研中心连续四年承办北京国际设计周乡村农创版块主题展事。今年北京国际设计周强调以产业策动为主题，为北京疏解非首都核心功能与创新型城市建设助力，对中华优秀传统文化的产业化创新与产业对接等领域进行探索。北京观光休闲农业行业协会成立于 2004 年，当时的目标之一就是要把城里人引入乡村，进行城乡交流。至今 15 年了，现在乡村已经远远赶不上城市发展的步伐，满足不了城市消费群体对乡村旅游的需求，所以我们要极力改变乡村。北京是一个国际化大都市，是科技之都、文化之都、艺术之都，先天有这个条件，应该就近利用好资源。过去我们没做这些嫁接工作，现在休闲经济处于一个大发展的时代，北京虽然起步早，但发展得还不够。去年的统计数据表明，城里人到乡村旅游人均消费才百十元，大把的钱花不出去，这也太浪费乡村资源了。我们协会在2004年、2005 年、2006 年连续搞了一系列活动，有“艺人下乡传手艺，农民在家学技能”活动，请非物质文化遗产传承人到乡村传授手工技能传授；有和北京农商行联合搞“凤凰乡村游，体验新农村”活动，也是想方设法吸引城里人到乡村休闲度假；还有“乡村旅游商品设计大奖赛”的评奖活动，也是着力于改变乡村的气质，给乡村增添更多的美。这些都是对这个时代发展需求的一种回应。这么多年的工作铺垫，乡村旅游的消费水平依然没有太大的改观。但民宿就不一样，反思这里的差距是什么，就是因为民宿融入了你们的情怀和内容，让美的东西重新呈现出来，让人们最本真的需求得以回归，唤醒了人们对乡村美的感知。

现在处于一个乡村振兴的时代，过去农村包围城市使中国走上革命的道路，城市经济发展起来，农村也急需改变。你们都在乡村工作，应该能感受到北京的乡村依然还有很多落后的地方，与农村人打交道时会有很多痛苦，虽然你们今天没说，但这个问题肯定绕不过去。理想很丰满，让孩子吃到绿色无污染的食品，在田间自由自在地玩耍，多么诗情画意，但要落地很难。现在国家开始营造乡村振兴的氛围，城市渐渐反哺农村，乡村要在你们的带动下逐渐有所改观。“不忘初心，牢记使命”，我们就要牢记自己的职责——我们就是干农业的。你们也是走入乡村，与农民们打交道，我们就要一起为乡村振兴作谋划未来。

今天我们的民宿沙龙就是打造了一个平台，让大家分享了自己民宿成功的亮点，探索共同成长的道路，由感性到知性、到理性是一种跨越、一种提升，让我们认识到提出这些项目和理念的价值，增强了搞好民宿的

沙龙场景

信心。今天我们在吉里艺术区邀请了艺术家们和民宿主、大同的朋友共同参加这个沙龙，其实也是一个互为资源、互为市场的活动。比如郑老师带着合唱团们到乡村去，民宿可以成为他们的市场，反过来，他们在民宿的合唱活动，又成为吸引其他游客的资源。另外，刚才李总说的艺术如何下乡、艺术品如何进村，这些都是值得大家共同探讨的。用艺术的方式再造乡村，是我们未来新的任务。

日本新潟县越后妻有是一个偏僻的山村，从东京坐新干线到那里要两个小时，是传统的稻米种植区。日本人对种水稻很有情感，稻米文化是日本文化承载的象征。但随着城市化的发展，村里人不断离开这里到城里去，最后只剩下老人和小孩，和我们国内农村“386199 部队”一样。2000 年，日本一个著名艺术策展人北川富朗开始做“大地艺术节”，决心用艺术来“拯救”日本乡村，利用越后妻有地区保存完整的文化景观来激活农村经济，取得了成功。自 2000 年开始“越后妻有大地艺术节”每三年一次，每次展期 50 天，吸引了全世界几百名艺术家来到越后妻有利用当地田园生活、农村资源进行艺术加工和艺术创作，至今已举办了 7 届，为越后妻有地区留下了几百件艺术品，也吸引了全世界的几百万的游客。现在这个地区完全变了，不再是一个贫困落后的小山村了，而是成为一个国际知名的艺术区了。

现在我们国内也开始尝试用艺术来设计来改善乡村，比如有些村子用 3D 绘画方式来装饰围墙，但这只是肤浅的表现，慢慢期待还有更深层次的融入，把我们的文化涵养、艺术精神植入深髓。

民宿是一个很好的载体，因为它有先天条件，但是我们民宿主不能只生活在自己的小天地里，还要和乡村环境融合在一起，“独乐乐不如众乐乐”。老友季的梁晴和乡志的林丹就说得很好，她们不光要经营好自己的民宿，还要带动当地人就业，改变当地人的理念。梁晴的老友季还把村里周边的资源都结合在一起，与当地的合作社一起共同经营。你们每一个人都要有这种观念，民宿经营要和农村农民融合在一起，你给村里带来资源，带来新生，村里也会给你支持，所以要和村里搞好关系，这样才有强大的持久的生命力。这方面怀柔做得比较好，从怀柔区政府到各乡镇，在政策扶持和人力培养上都给予了重视，比如光是小小的渤海镇就汇集了几十家民宿，已成规模。现在北京民宿的发展已经从单体民宿向集群式民宿发展，抱团取暖成为下一阶段的趋势，才能继续做大、做优、做精、做强。如何让民宿形成产业，是我们作为行业领导者的目的。希望在这个跨界的时代，艺术家和乡村不同背景、不同生活经历的人能和谐地组合在一起，再造一个美好的乡村！

日本新潟大地艺术装置

北京怀柔渤海镇“明明山居”

北京怀柔渤海镇四渡河村“慢山民宿”

北京怀柔渤海镇四渡河村“小三院子”

北京怀柔渤海镇六渡河村“栗香溪谷”

北京怀柔渤海镇四渡河村“瞻山邸”

北京怀柔渤海镇三渡河村“庭筑”

北京怀柔渤海镇三渡河村“云鹤小居”

北京怀柔渤海镇三渡河村“依慕山舍”

北京怀柔渤海镇六渡河村“老木匠”

北京怀柔渤海镇六渡河村“和易园”

北京怀柔渤海镇
四渡河村“岑舍”

北京怀柔渤海镇
田仙峪村“国奥乡居”

北京怀柔渤海镇
六渡河村“不老时光”

2014北京平谷大华山醉桃园

桃醉平谷

艺术乡村·2019主题展活动集锦

兴农天力大地艺术区
第二届醉美油菜花节

中国农民丰收节
金色北京大市集

飞利谷
艺术乡村创意集市

行旅四季 燕云长城
京晋长城遗址行旅路线摄影展

民宿达人谈民宿
新民宿生活美学图典

XNTL
Earth Art District
兴农天力大地艺术区

兴农天力大地艺术区第二届醉美油菜花节

2019.4

兴农天力农业园区是京郊规模最大的大田生产基地之一，在都市农业的背景下，在万亩大田的耕耘肌理上植入“兴农天力农业艺术区”文创平台，让生产与大地艺术创作及文旅活动关联，是艺术推动乡村振兴新路径的一次探索，对于兴农天力农业园的提质增效，对京郊美丽乡村的人文建树，产生了积极的推动作用。

据统计，在活动举办的 5 天时间里，兴农天力农业园累计接待游客 10 万余人次，门票、采摘、餐饮、娱乐、农产品展销等各项收入达 265 万元，取得了社会效益、经济效益双丰收。

艺术乡村 ART & RURAL

2019年兴农天力大地艺术区
“星外来客”艺术景观装置

ART
& RURAL
艺术乡村

京津冀休闲乡村
精品旅游线路发布
京津冀区域
东临沧海，西倚太行，
北跨寨外，南面中原，
长城蜿蜒，运河迤逦，
其内
绿色生态资源富集，

中国农民丰收节
金色北京大市集

2019.9

新鲜的北京街市

金色北京大市集开启于 2018 年，是市农研中心在党中央做出创办“中国农民丰收节”重大决定后，牢牢把握“大城市小农业、大京郊小城区”的特征，主动作为，发挥自身优势，依托下属协会主办的中国农民丰收节流通端的庆丰主题活动，旨在发挥农研中心、城乡经济信息中心在流通端的市场信息优势，促进城乡市场的产销对接，助力北京农产品的品牌推广和品质标准化进程，营造重农强农惠农的浓厚氛围，让农民既丰产也丰收。

2019 年的金色北京大市集积极响应中国农民丰收节组织指导委员会办公室发出的倡议，呈现出以下几个新特点：

一是主题鲜明。叫响了“庆丰收 · 消费季”的主题，把丰收节办到城里、办到农产品批发市场里。

二是时间提前。活动时间提前到中秋节前，目的是为了抢占节前采购高峰，提前预热 23 日全市丰收节总体活动。

三是对接帮扶。大市集除了有市农业农村局低收入农户帮扶的农产品，还联动了国家粮食和物资储备局精准扶贫的安徽阜南、江西于都的特色农产品，以及大同市新荣区的特色手工艺品。

提升改造后的盛华宏林农副产品批发市场是金色北京大市集的主会场

六个不同业态的农业合作社、局级机关
带动城乡互动
促进了农产品销售和文旅休闲

兴农天力

农机服务专业合作社

龙湾巧嫂

Long Wan Qiao Sao

龙湾巧嫂 休闲农业综合体

Long Wan Qiao Sao Service System

不仅仅代表龙湾屯

鑫桃源
XIN TAO YUAN
北京京东鑫桃源果品产销专业合作社
中国区域农产品供应链
Supply-Chain of Chinese Regional Agri-Products
1999
Agrilandia
Agrilandia Italian Farm
意大利农场
北京市农业农村局
低收入农户帮扶
农产品产销对接
国家粮食和物资储备局
定点扶贫
农产品产销对接

金色北京大市集活动集锦

北京市农研中心党组书记、主任张光连和北京市城乡经济信息中心主任刘军萍出席中国农民丰收节“金色北京大市集”活动

定点扶贫农产品产销对接

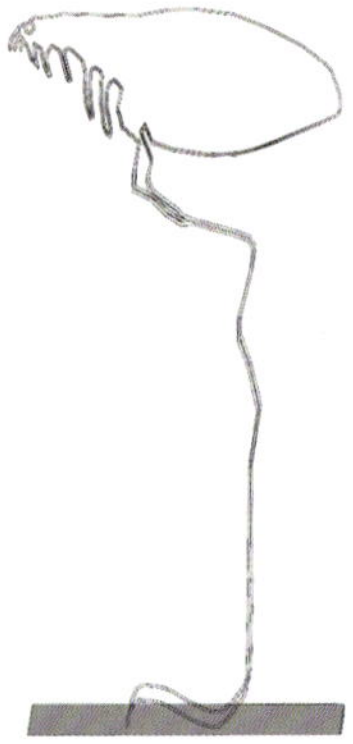

飞利谷
艺术乡村创意集市

2019.9.13

跳来挑去！

寻找你心爱的宝贝

2019 年中秋，“艺术乡村 · 飞利谷农庄创意集市”开市，这是一种周末、节假日小而精的乡村市集，为都市农业和乡村旅游开创了新的业态的效益增长点。市集还植入具有美育功能的专业艺术空间，并举办“吴冠中版画艺术展”，为游园市民带来了高雅的艺术熏陶。这种高品质的艺术推广将成为京郊艺术乡村的美育工程。

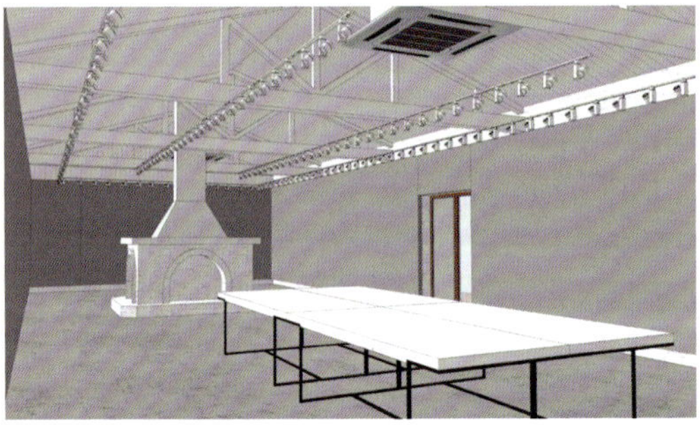

1999
Agrilandia
Agrilandia Italian Farm
意大利农场

创意市集为农场吸引不少游客

徽章

纺织文化
纺织

“艺术乡村”的
第一个乡村美育画廊

FLEAGOOD
飞利谷
艺术空间

行旅四季 燕云长城

京晋长城遗址行旅路线摄影展

2019.9.23

万里长城是世界奇迹，千百年来历经沧桑，在自然和人为的作用下，全线呈现出多种遗址风貌，很多地段与我们平常印象中的长城差异很大。

在乡村振兴的历史时期，长城元素成为不少乡镇、乡村发展文旅产业的线索和引擎，同时又面临着文物保护、文物修复的制约问题。长城元素以何种面貌及表现形式得以呈现，至今尚未形成广泛的共识。为此，北京市农村经济研究中心和北京国际设计周吉里艺术区展示平台根据“艺术乡村”课题的项目资源，以艺术表现和田野观察的视角去发现，选择了“北边雄镇一镇罗营石长城”、“蟠龙卧虎一古北口砖长城”、“古堡重镇一花园屯土长城”三个代表性节点遗址风貌作为启动 2019 年“行旅四季 燕云长城”主题活动的首发阵容，集中展示燕云长城原貌的雄浑之气和苍茫之美，在历史价值的基础上，构筑长城的审美价值。

随着 2019 年京张、大张高铁的开通，以长城为纽带促进京、津、冀、晋的农文旅互动和产业聚集，为艺术乡村时代课题的实践提供了广阔的空间，镇罗营《环长城 100 产业规划》、花园屯乡《千年花乡艺术乡村产业规划》、密云《古北口村保护发展规划》为长城主题乡村产业发展，提供了生动的现实乡村产业案例。

“艺术乡村”——行旅四季燕云长城主题展吉里展区

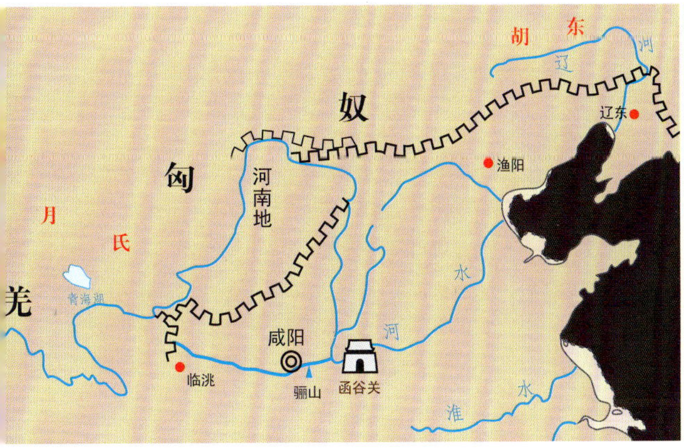

北京国际设计周创始人宋慰祖参观
“艺术乡村”主题展

“艺术乡村”——行旅四季燕云长城主题展在吉里国际艺术区如期开展，并在平谷镇罗营同时举办，助力“环长城100国际越野挑战赛”。

话说镇罗营
镇罗营长城文化历史
砖长城
土长城

话说镇罗营

雷越野
LEI ULTRA TRAIL
环长城 100
国际越野挑战赛

石长城

北边雄镇-镇罗营

"艺术乡村"

——行旅四季燕云长城主题展之一

Hi！欢迎来到镇罗营

镇罗营——环长城100特色小镇

以“环长城 100”主题概念为引爆，架构镇罗营“一环一带两极多点”全域运动休闲小镇的产业格局，引导户外运动、健康主题度假休闲为特色的泛旅游产业在镇罗营聚集。

全域推动+智慧支撑+运动引领

雷越野 LEI ULTRA TRAIL 超级越野联赛

环长城100
国际越野挑战赛

砖长城

蟠龙卧虎·古北口

“艺术乡村”

——行旅四季燕云长城主题展之二

古北口民俗村
GUBEIKOU VILLAGE

以保护和发展为规划主线，向外扩展视野，向内深入细节设计。在对村庄历史文化价值的深入研究基础上，建立保护框架，确立保护内容，制定保护具体措施。同时结合村庄的实际情况，确定村庄的功能定位，充分考虑村庄历史文化资源优势，确定以三产旅游业为主要产业发展方向，提升旅游服务的水平，配合村庄的发展，调整土地利用，完善交通等基础设施，改善人居环境。

旅游规划线路图

古北口村保护发展规划
保护引领+发展导向+扩大视野+深入细节
蟠龙山长城
森林嘉年华
养殖体验区
N
图例
庙宇文化游线
民俗文化游线
抗战与爱国文化游线
长城观光游线
旅游节点

土长城

古堡重镇·花园屯

“艺术乡村”

——行旅四季燕云长城主题展之三

千年花乡

Millennium Garden

新荣区花园屯乡召唤文旅康养

大同后花园　坐落北环城游憩带核心位置

进入高铁时代　辐射京津冀

艺术乡村行动推动乡村振兴

发掘乡村资源　尊重乡村景观　重新认知乡土价值

沟沟国际艺术谷

ARTgiu

沟壑艺术区

该项目作为艺术乡村的纯艺术引爆概念，是借助红石崖新家窑村南边荒废的沟壑地貌作为载体，聚集高端艺术家及其创作，整合艺术资源，使之成为大同市公共艺术和现代文创的展示高地，提升艺术村落的品牌和品质定位，并构成红石崖景区另外一道旅游线路——沟壑漫游休闲游赏线路。

艺术沟谷的运营将体现开放式的公益性，但品质的标准由艺术之家创作基地的艺术顾问团队把关。

晋北长城边关风情旅游目的地

艺术乡村的文旅发展示范区

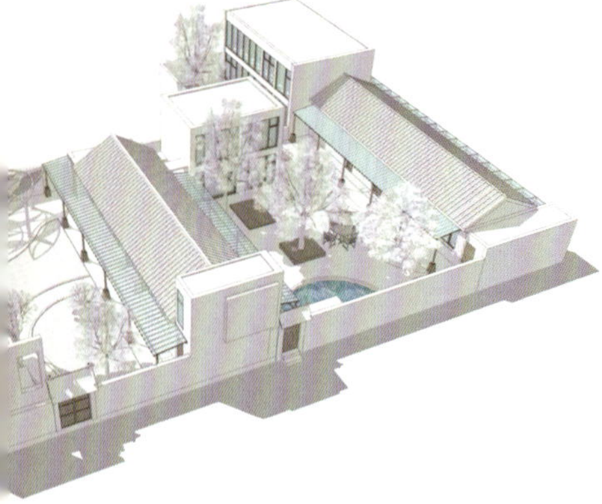

民宿达人谈民宿
新民宿生活美学图典

2019.10

生活美学是精神需求的一种感悟和表达，是一种用心至情的愉悦，是一种用审美去面对日常平淡，并从中获得愉悦的生活方式。

分享是一种文化，越分享越收获。

宋词 /Sandy

东篱山舍民宿主人 / 东篱民宿分享会发起人
（怀柔区渤海镇小范马峪村）

四海小筑、四海云居希望把美和艺术融入生活，让每一件日常器物皆具美感，不再普通。

马斌

四海小筑民宿主人
（怀柔区渤海镇大榛峪村）

大隐于世经营的是一种乡村的美好生活方式

刘佳

大隐于世民宿主人
（延庆区张山营镇后黑龙庙村）

民宿就是我的文化、情怀、品质和生活的最终融合

张名娟

长城故事民宿主人
（怀柔区渤海镇慕田峪村）

希望老友季的样子，
就是你理想中“家”的样子
希望你在老友季的样子，
是你最闲适的样子

梁晴

老友季民宿主人
（密云区溪翁庄镇金巨罗村）

明明山居，没有淡季，也没有旺季

滕婧

明明山居民宿主人
（怀柔区渤海镇大榛峪村）

诗酒田园　自在乡志

林丹

乡志民宿主人
（密云区河南寨镇圣水头村）

每个人心中都有一座岛，
向内行走与时代保持距离，
让灵魂的燃料得到补给。

丛琳 /Sara

丛林岛屿（Jungle Island）美学空间主人

民宿即生活，生活即是美学。有生活美学的民宿是民宿主人精神内核的体现，它是有温度的，有灵魂的，也是更有生命力的。

郭燕

民宿摄影师

北京国际设计周
BEIJING DESIGN WEEK

北京观光休闲农业行业协会

设计之旅合作伙伴

北京国际设计周组委会

2019年12月

2019年12月北京观光休闲农业行业协会成为北京国际设计周设计之旅合作伙伴，北京国际设计周创始人宋慰祖为协会颁牌。